U0827208

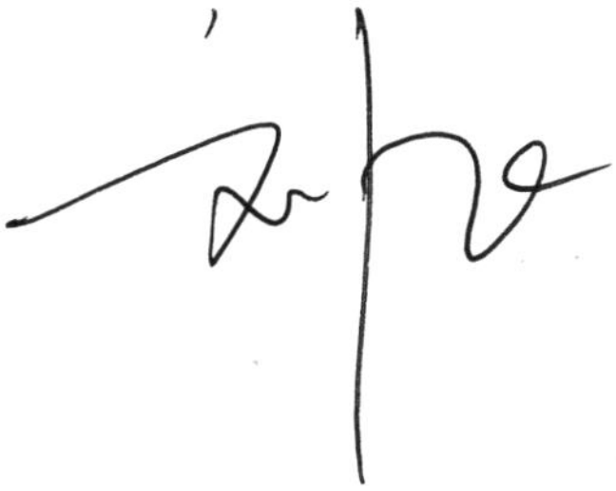

从点子到产品

产品经理的价值观与方法论

刘飞 / 著

電子工業出版社
Publishing House of Electronics Industry
北京•BEIJING

内容简介

本书以产品经理的方法论与价值观为主线，讲述了产品经理在从点子到产品的过程中应该考虑的问题、思考问题的思路，以及如何解决问题的方法。第一部分主要讲述从粗略的点子到具体的方案，要经历的步骤。第二部分主要讲述如何落实方案，以及如何进行用户研究、需求分析和产品设计。第三部分主要讲述在落实方案的过程中要掌握的方法和管理技巧。最后一部分主要讲述产品经理在工作和成长过程中要考虑的一些问题。

未经许可，不得以任何方式复制或抄袭本书之部分或全部内容。
版权所有，侵权必究。

图书在版编目（CIP）数据

从点子到产品：产品经理的价值观与方法论 / 刘飞著. —北京：电子工业出版社，2017.1
ISBN 978-7-121-30286-2

Ⅰ. ①从… Ⅱ. ①刘… Ⅲ. ①企业管理—产品管理 Ⅳ. ①F273.2

中国版本图书馆 CIP 数据核字(2016)第 267873 号

策划编辑：官　杨
责任编辑：徐津平
印　　刷：北京天宇星印刷厂
装　　订：北京天宇星印刷厂
出版发行：电子工业出版社
　　　　　北京市海淀区万寿路 173 信箱　邮编 100036
开　　本：720×1000　1/16　印张：14.75　字数：227 千字
版　　次：2017 年 1 月第 1 版
印　　次：2024 年 5 月第 29 次印刷
定　　价：49.00 元

凡所购买电子工业出版社图书有缺损问题，请向购买书店调换。若书店售缺，请与本社发行部联系，联系及邮购电话：（010）88254888，88258888。

质量投诉请发邮件至 zlts@phei.com.cn，盗版侵权举报请发邮件至 dbqq@phei.com.cn。

本书咨询联系方式：010-51260888-819，faq@phei.com.cn。

推荐语

我没见过刘飞，但是看过他写的一些产品文章，时有启发。感谢刘飞发来的本书样章，这是我第一次看到关于产品的书，人生成就解锁。在我学习做产品经理的年代，没有任何书或人可以学习，每一点经验都要靠自己领悟。所以，首先，不看书也能做好产品经理，不用太在意看过什么书或多少书；然后，时代不同了，现在已经有了很多优秀产品经理，他们输出了一些有价值的产品方法，也出现了几本产品书籍，初学者只要看完一两本，就能对做产品有个全貌理解，产品经理初学之路就会快上很多，刘飞的《从点子到产品》正是这样的一本书。

俞军

滴滴产品负责人，前百度产品副总裁、首席产品架构师、产品委员会主席

在社会分工逐步去组织化之后，传统社会的基础也发生了改变。依靠大组织、大体制的人会慢慢没有竞争力，因此我们都应更关注自身的进化。进化过程中，产品设计就是不错的思维方式，我们都可以把自己视为产品。比如，如何分析这个社会对我们的需求？如何判断我们应该具备怎样的能力？如何验证我们真的创造了价值？刘飞的这本书就提供给了大家一些思路，值得参考。

罗振宇

罗辑思维创始人

一直以来，刘飞都以他诚恳和毫无保留的分享在圈内闻名，在我眼中，这本书也是一样，刘飞把他做产品多年、从大公司到创业经历过的所有总结和思考都加以提炼总结后变成了这本《从点子到产品》，书中从需求分析到文档管理，从用户研究到版本管理等具体产品工作中的实操问题都提出了具体的工作方法和建议，这是尤其难得的。互联网圈内讲“产品”的书，其实不少，但大多侧重谈感想思考和案例，其实真正能够既有完整方法体系，又能具有实践指导意义、兼顾落地执行，适合新人阅读的书并不多。在我看来，刘飞兄的这本书做到了这一点。

黄有璨

三节课联合创始人 ，《运营之光》作者

看过刘飞在知乎上很多精彩的回答，也追过“刘言飞语”这个公众号，当得知他要写书的时候，就非常期待，因为以我的经验，这些内容成书以后一定会更加精彩。这两天看到书稿，发现脉络和我的新书类似，都在说一个产品的从无到有，不由得一身冷汗……细看下来，实则各有侧重，好比吃火锅点了同一个底锅，但菜品各异，推荐大家一并买来，按话题关联阅读。

苏杰

良仓孵化器创始合伙人，《人人都是产品经理》作者未来的产品体验，会愈加侧重于实用性、功能性，弱化表现层面的感官、体验，但是恰恰是无形中的产品体验是最难设计的，你要让用户感觉不到你的存在，但是却仍然感觉你的产品好用，这更加考验你的设计功底，这就像德国“隐性冠军”给我们的启示，只有具有“工匠精神”的企业才能基业长青；这又像“奥卡姆剃刀定律”，如非必要，勿增实体，大隐隐于形。过去的5~10年，是产品经理野蛮生长的时代，没人教没人带，未来5~10年，产品会越来越标准化、模块化，如果你不能站在巨人的肩膀上，快速学习，然后再突破创新，很有可能你就会一直挣扎在底层，而《从点子到产品》是一个好肩膀。

elya

洋葱淘 CEO，TopDesign 创始人

每年校招产品经理面试的时候总会遇到一类求职者，他们基于一个用户痛点出发，规划了宏大的产品，写了详实的产品策划书，画了精美的原型图。他们在细节功能和交互上花费了大量的时间，却对从需求痛点到产品模型的过程拍脑袋，想当然。一些产品经理不时会突发灵感想出绝佳创意，并动用资源将创意变成产品功能，但这些功能上线后不光达不到最初的“爆款”预期，甚至都昙花一现，无人问津。从创意火花到完整产品的演进，是一条充满陷阱的漫长过程，需要不断分析讨论验证。刘飞的《从点子到产品》正是为这个演进过程提供了一套完整的方法论。本书值得每位想入行或新入行的产品经理阅读，以建立正确的产品思考和分析模式。

刘炯

前锤子科技产品总监

这是一本紧凑而又不失可读性的书，换句话说，有干货，但不会干巴巴的。作为入行不久的产品经理，对其里面大部分概念都不陌生，但生动的例子和系统的阐释让我的理解又深了一层。作者思考和总结的方法也很有价值，如果能有意识地学习他把知识，经验，领悟串联起来的能力，应该会对新人的成长有个很大的助力。唯一的缺点可能是会吓跑一些自以为懂产品，会创业的人。读完前两章就会发现，由于行业还未成熟，可能现在产品经理门槛不高，但进了门以后，水也不浅呀。

郦橙锦妖

AOL 纽约总部产品经理

一切学校里不教，但社会上确定需要的知识都是值得为之拼命的东西 ——独立思考如此，“做产品”亦如是。点子很多，真正好的点子很少，真正好的点子落地成为产品的更少，进而最终真正受欢迎的产品少之又少……从零到一，那是起点和终点，事实上最关键的是，走什么样的路径。点子和理想，最初都是虚的，只有正确路径的选择，才将这两样东西变成实实在在的东西。

李笑来

知名天使投资人

我对刘飞这样蜕变成功、生长有道的产品经理非常感兴趣，拿到书稿一看，果然知识点丰富，有案例、有见解，感叹如果刚入行时看到不知能节省工作中多少试错的成本。产品经理是崭新的职业，没有完美对应的学科，相关知识不断更新迭代，落在纸头的那一刻可能就已经有了新的发展。但成书和讨论，对个人和业界都是很好的。想起那几年和刘飞老师一起摸爬滚打，在产品设计上，掉到各种坑里又奋力爬出来继续互相挖坑的美好岁月，推荐大家看看这本书。

朱萧木
锤子科技产品总监

刘飞老师是我结识的很有特点的产品经理，一方面有极度理性的对商业产品和产品逻辑的分析方法，另一方面又有天生天然的情怀和价值观。这很难得，如果产品人能够从本书中获得思考和感染，建立自己的认识，无疑是极好的。

Kant
拼多多产品经理，前微信产品经理

相比以往，互联网时代其实最不缺乏的就是信息。产品经理——一个至今依然风靡业内的岗位，虽然在大学中不存在一个专门为其设立的对口专业，但其所需的很多知识同样可以从网上获取。然而，由于该职业出现的时间并不算长，而且仍在快速发展中，所以鲜有人对相关的知识进行过系统地整理。与刘飞老师是在知乎上认识，其写的很多回答都发人深思，在阅读中我也获益良多。很庆幸他能够抽出时间，将以往的经验与思考成体系地编撰成书。相信不管是憧憬着未来要成为一名产品经理的大学生，还是已在职场浸淫多年的产品经理同行，从此书中都能得到有益的收获。

郑坚义
聚美优品高级产品经理，原礼物说产品总监

很早之前我就和刘飞一起探讨过关于全栈 PM 的概念(知乎用户刘锤撰写的专栏)，可惜我们那时都还稍显稚嫩，他不懂运营和市场，我也不懂产品和技术,我们觉得这个梦想太遥远了。一年后我们却都殊途同归，各自出了一本本职工作上带领新人入行的基础科普书籍。而产生一本书的全过程，恰恰就是一个全栈 PM 的 MVP，在这过程中我们都饱经折磨，成长迅速，更全面和系统地梳理了知识体系，并且带着用户思维，尽可能讲的深入浅出，通俗易懂，并且都是新手在学习过程中最急需解决的痛点和难点问题，而正由于刘飞丰富的一线工作经历，连最挑剔的老罗和最考验人的创业都体验过了，所以也只有他能够给予大家最前沿最接地气的思考和方法，这也正好是我对于"为什么是他来写"这一问题的答案。作为一个正在努力学做产品的市场人，面对这样一个自带运营和推广基因的 PM，只能保持敬畏，步步紧盯，看下一步是谁先实现全栈 PM 的梦想啦。

Lydia

优酷土豆市场经理、《全栈市场人》作者

中国互联网的竞争，已经从早期跑马圈地的流量竞争，慢慢回归到商业本质的竞争。商业的核心是产品，增长的前提是产品与市场需求相契合（Product/Market Fit）。如何规划符合用户需要的产品，既是产品经理的基本功，又是绝大多数初出茅庐的新人难以逾越的第一道门槛。活跃于知乎的刘飞对产品的洞见，使之输出了许多精彩纷呈的观点。而这本书的诞生也是作者多年心得的凝练，值得推荐。

范冰

圣骑网络创始人、《增长黑客》作者

在学会成功之前，你必须学会什么是失败。这本书深入洞察了导致产品失败的原因，以及利用系统化知识告诉你如此操作一个成功的产品。推荐每一个做产品的以及创业的人深度阅读！

李靖

知名营销专家，公众号“李叫兽”创始人

推荐序

我与本书的作者已经认识很多年了。在我的印象里，他是一个精力充沛的人，总是忙个不停，对人真诚而有活力，擅长在普通的生活中发现一些“有意思”的事情。而对那些有意思的事情，他也总是能敏锐地发现其中的门道。

所以，当他说想要把自己几年来对产品经理岗位的理解写成一本书，我是充满期待的。考虑到产品经理这个岗位在国内并没有发展出成熟的交流社区，也没有形成一些公认的工作原则和培养方法，这样一份切身经验的总结，可以帮助很多新入行的产品人员，理清职业发展脉络，了解到这个岗位所应该承担的责任和需要努力的方向，实乃善莫大焉。因此，当本书作者提到希望我写一篇序，我便欣然应允。

因为我之前有过自己创业的经历，所以经常与一些互联网行业之外的人交流。他们普遍反映的一个问题是，认为互联网人的很多想法跟传统行业的人有巨大的区别。而这些区别当中，一个最为显著的区别是互联网人普遍都比较“单纯”。这种单纯，不是说性格的直爽，也不是说会脱离实际地空想，而是说互联网人会更多地关注问题的核心逻辑，所做的具体工作都是围绕这个核心逻辑展开。在我看来，这种“单纯”也就是从用户需求出发的互联网工作方法论。

很显然，这是这个行业发展的结果。

在互联网时代之前是软件的时代，那时候“产品经理”的概念还没有成型，更多的是“项目经理”、“程序经理”。因特网出现之后，人们可以依托于网络更加容易地创造出自己的价值，获得所需要的信息和资源，而不需要经过其他中间环节的限制或支撑。随着智能手机的普及，以苹果 App Store 的出现为分水岭，移动互联网时代的到来更是极大地加快了这一进程。今天任何一个人只需要一部手机，只要他有某种特色，有对其他人的价值，就可以很好地活在这个世界上（比如直播、知识变现）。

而在互联网行业发展的过程中，互联网公司创造价值和获取回报的主要方式就是“满足用户的需求”，人们第一次这么关注业务的核心本质，而不是将精力和时间用在支撑这个本质的其他工作上。

“产品经理”便是在这样一个时代背景下诞生的。总要有人对最终的用户体验负责，工程师？项目经理？好像都不太适合，好吧，那就分化一个新的岗位，我们就把他们叫做“产品经理”。他们不仅要对用户、对需求进行正确分析，还应该去协调推动最终结果的出现；不仅要对用户、对体验负责，还要保证公司的战略目标顺利达成。最终，这些特殊的岗位需求，催生了新的工作方法论。

我曾经面试过很多产品经理，尤其是与很多刚刚入门的产品人员交流过。我发现从个人素质讲，很多人其实很不错，但是能完美符合产品工作要求的人并不多，大多数人要么是分析问题的逻辑不清楚，要么是对产品的感觉不够。核心的问题在于，刚刚入行的产品人员，往往陷入到一些具体的问题和执行中，忽略了自己的成长和环境的重要性，有时甚至是无法接触到这样的环境。也没有人告诉他们，应该向何处用力，如何去分析问题，如何去抓住问题的关键点。他们既没有形成良好的工作方法论，也没能发现一些优秀的产品为什么优秀的原因。看着各种各样得华丽但是内容空洞的“竞品分析”“产品分析”，实在是令人惋惜。这其中有非常多好苗子，因为走入了一些明明可以避免的误区，所以没有机会更好地成长。

幸好我们看到了一些好的趋势。在国内有越来越多优秀的产品经理愿意站出来分享自己的经验，让同行的人少走弯路。本书的作者便是其中之一。

在这本书中，作者主要阐述了产品经理的“工作流”和支撑工作流的“方法论”。工作流是产品人员每天都在做的“具体事情”，方法论是一个优秀的产品经理在具体工作中抽象出来的策略。我们每天可能会处理不同的问题，可能会做不同种类的产品，也会换工作，但是这些方法论是指导我们解决问题的核心逻辑。

还有，在这些工作方法和策略的背后，我们还应该努力提高自己的能力。总结来看，不论什么岗位，两个能力是非常重要的：认知能力和执行能力。对于产品经理的岗位来讲，认知能力的培养，需要了解产品工作的基本方法论，需要看到更多优秀的产品，需要经验的积累，需要学习。而执行能力虽说主要靠自己，但是提升执行能力的方法，包括如何推动、如何与人沟通、如何进行个人管理及团队管理，这些知识也可以通过交流和学习获得。

那么一个新入行的产品经理应该如何规划自己的学习呢？这正是本书希望回答的问题。

王彪

豆瓣商业产品负责人

自序

四年前，我刚刚决定要入行做产品经理时，其实并不太理解这个职业。计算机专业读了五年多，身边的同学和朋友纷纷准备去研究所和 BAT 做技术。担心自己无法对写代码和研究算法产生持久的动力，于是决心另辟蹊径，甚至投的简历全都是产品岗。

后来的三年多，参与设计了很多产品。有的是用户体验至上，有的是要服务女性用户，有的是关于外卖和快递。这三年也经历了很多团队，这些团队的资源情况各异、协作方式不同，既体验过从 0 到 1 的“酸爽”，也体验过用户迅猛增长的“喜悦”。这些经历中的每个转变都让我被迫接受全新的工作方式、建立全新的知识体系。

正因如此，我对产品经理也终于有了一些更立体的感知。对过去的一些经验教训，以及自己所总结的方法论，我开始试着跟朋友和网友们分享，也在知乎上写一些回答。

我当时回答了一个关于有了点子后该如何实现的问题。在答案里我用实例来说明，只靠一个点子就能飞黄腾达、立业成功的想法是不切实际的，希望能让大家警醒。说来有趣，原本略有讽刺和埋怨的答案反而引起了很多人共鸣，这让我意识到，不少人仍然跟有从业经验的我们存在着信息不对称，如果能够提供给他们这样的信息，就能帮助他们理清思路。

于是我开始认真对待写作这件事情。对我来说，回顾自己的过去总结成有价值的方法论，同时还能帮到比我经验略有不足的朋友，何乐而不为。然后不知不觉地，我写的答案在知乎上积累了不少的阅读量和赞同数，我开始给多家媒体和社区撰稿，自己的公众号刘言飞语（liufeinotes）也有了一些粉丝。

一年前就有几位编辑老师曾联系到我，想讨论出书的事宜。当时没多少时间，也自认为写书时机尚未成熟，就逐一婉拒。直到不久前，电子工业出版社的官杨老师联系到我，我觉得可以试一试。

过去的回答和一些专栏文章，更像是随笔，要说能到成书的地步还尚有不及。所以这本书大部分都是新写的内容，有很多新的思考。

总之，不奢求这本书让大家读完都能醍醐灌顶，我跟大家一样也都在求知的途中，只希望书里所整理的经验教训，能够给你以启示；书里所描述的信息和知识，能够让你少走一点弯路。这样也就值得了。

目录

第一部分

产品价值和用户痛点

产品经理的工作本质上就是要抓住用户的痛点、实现产品的价值。不管是撰写文档、设计功能还是推进项目都是在让产品的价值实现。所以如果对产品价值判断有误，对用户痛点理解有偏差，就意味着很多工作都不会起到应有的效果——它们没有在让产品变得更好。

第 1 章

点子与方案

Talk is cheap. Show me the code.

——Linus Torvalds[①]

在知乎上，有一个提问是："我有一个 App 创意，如何将其实现？"关注的人非常多，因为大家平时都会有很多想法，也想把这些想法付诸实践，看能否做出一款可用的互联网产品。事实上，所有的产品不仅仅是一个点子就能支撑的，还要考察具体实现的逻辑是否清晰、方案是否可行。

在产品尚未成型、什么都没有时，作为产品经理要有建立在对市场和用户的理解上的雏形方案。在相对成熟的公司，也要清楚公司的产品是怎样从简单的点子和想法，借由基本的产品框架和定义成长为了当前的状态。这里提到的雏形方案，或者产品的框架和定义，可以称之为产品模型和商业模式。

产品模型涵盖的内容不仅是基本的用户需求，还包括整个项目的产品逻辑。这个逻辑试图证明的是：无论从用户角度，还是产品设计者角度，

---

① 废话少说，放"码"过来。——林纳斯·托瓦兹

整个项目要满足需求这件事是可以运作起来的。例如考察大家在就医时需不需要挂号，这是很基本的用户需求。而考察我们在满足大家挂号需求方面，具体该建立怎样的模式，要跟医院合作吗？这些挂号跟线下挂号关系如何处理？用户在模式中如何受益？医生在模式中如何受益？整体的逻辑框架是否合理？这些都是产品模型要讨论的问题。

有人可能会产生疑问：不是说产品要检验过后才知道是否可行吗？这句话也没错，但跟我们探讨的产品模型并不冲突。产品模型是整个产品的根基，探讨的是需求实现的逻辑，并没有脱离需求的范畴。如果纸上谈兵似地讨论产品模型都发现走不通，那就说明需求层面的所有问题也就没有解决好。在不同的阶段，我们用不同的方式去做可行性的检验，这时的检验就像物理学中经常采用的“思想实验”。

总的来说，在产品从 0 到 1 的过程中，最先要确定的就是关乎需求的逻辑是否在产品上、商业上行得通。

产品模型：设计合理性

对产品模型来说，首先要确定一件事：用户到底为什么要用你的产品？

这里涉及两方面的问题：用户是不是有需求？你能不能满足用户的需求？让人失望的是，我听到的绝大多数“绝妙创意”的情况是，很多朋友告诉我他们的产品计划之后往往过度预期，认为自己的创意已经能够完全满足用户的需求，觉得大事将成。我则完全没有理解——你说的道理似乎没错，但用户为什么要买账啊？

案例 1

有个朋友曾经跟我聊他的主意，那是在一个创业咖啡馆里，人声鼎沸，来往路人都是互联网创业者或者投资人。他兴奋到脸色发亮、腮帮泛红，激动地跟我说："我做的这个项目，是可以改变音乐培训的产品。"

我有点疑惑，便请他详述。他告诉我，现在的音乐培训还是停留在很传统的方式上，学校和求学者信息不对称，上课的很多流程信息化也做得不好，售后也没有保障，而且对这些老师、学生的社交也没有专属的平台。所以他要做一个大而全的平台，这个平台上老师、学生各得其所，乐在其中，一个 App 解决掉所有的问题。

他的想法甚至已经落实到原型上了。他希望首页是学校的信息和活动，各种学校在这里做宣传，学生也能找到适合自己的学校。第二个页面是课程页面，学生可以签到，教材可以做成电子的放到里面，提高效率，实现无纸化流程。第三个页面是演唱会和各种周边的音乐活动，有趣也有料。第四个页面可以做电商，大家在这里交易乐器。如图 1-1 所示。

他讲了很久他的方案，看得出他是很用心在想的。但可惜的是他说的这些问题存在、需求也可能是有的，但在产品逻辑上却一塌糊涂。于是我问："那这样的话，你的学校需求点是在哪里呢？我作为音乐培训机构，为什么要入驻你这里，而不是 58 同城或者大众点评呢？"

他说了很多，比如这里是垂直领域的平台，可以做得更专业；我可以帮助他们实现在线打卡、无纸化教学，等等。我说："你这个细想就很难成立。作为学校，需要的是更大的曝光率，而不会在乎你这边是不是垂直的。另外一点，学校对信息化的需求有多高呢？学校现在很需要无纸化教学吗？对于很多老师来说，是不是反而会降低效率？"

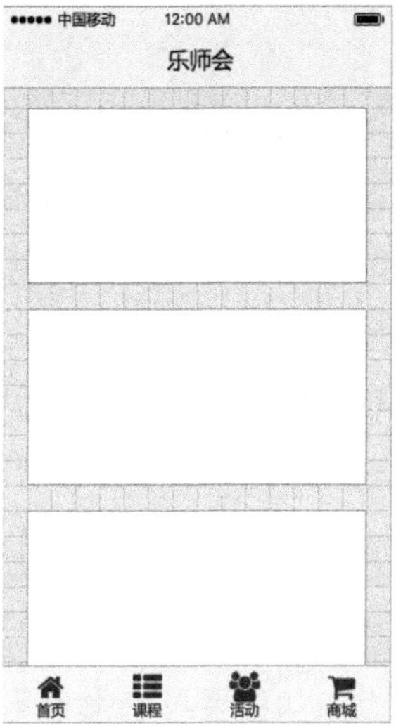

图 1-1　一个尚未理清产品逻辑就匆匆画成的原型

我们又针对很多地方进行了讨论，发现他的思路是先定义了未来产品成为了大而全的平台应该是如何，再去倒推考虑现在的功能应该怎么配合。这是一个非常奇怪的方式，但也是很常见的错误：先想一个结论，再去找能证明这个结论的论点。

学校的需求特别零碎烦琐，很难满足；学生的需求也是同样。他提到的这些点，相当于做一套 58 同城、跟谁学、周边游和淘宝的合辑功能，然而每项功能都不可能做到跟别人一样好。在产品逻辑不通的情况下，作为一个大杂烩不是挂上“音乐垂直领域”的牌子别人就买账的。

真正合理的产品逻辑是什么样的呢？就是需求能良好运转起来。尤其在 O2O 这样的多边平台的领域，滴滴打车就是司机和乘客的需求都得到了满足，双方信息对称了；而快车里的拼车功能还提高了运载的效率，让乘客付费更少，司机赚得更多……这些清晰顺畅的逻辑，没有错综复杂的假设和因素限制，也没有明显的漏洞，才称得上是合理的逻辑。

案例 2

曾经有一个境外游线路规划的产品，其需求的场景每个人多少都面临过，就是现在很多人已经不太愿意跟团游了，也不太希望凑热闹去人最多的地方。他们希望到更有特色的地方，吃别的地方吃不到的食物，玩别的地方玩不到的东西，也不想去哪里都吃铁板鱿鱼和冰淇淋、玩摩天轮和打气球、买明信片和复古小玩具。这个产品就是可以帮你找到当地人，按照你给出的条件设计一套定制路线，当然还需要支付一定费用。

这里的基础逻辑没有问题，但仍然存在一个陷阱，那就是在具体的费用上。试想，如果你是游客，你愿意支付多少费用在单纯的路线规划信息上？尤其像国内的旅行，一般在几千元的量级上，如果要再花上千元在买路线上肯定不太舍得吧？反过来，如果你是路线设计师，你花时间、精力设计这套路线，期望的报酬是多少？如果只有一百块钱，可能你也不是特别乐意吧？

所以这里的价格就比较难把握了。设置得高了，游客不买账；设置得低了，设计师不开心。需求的对接在这里显得非常麻烦，这也是产品逻辑需要解决的问题：到底你设计的产品，能不能运行？

做产品逻辑时应该掌握一种方法，那就是把所有想到的关系捋清楚，并且画成流程图或者结构图，在纸上运行一遍，看是不是可以跑得通。就像你设计辆汽车，总不能随便画画图就好了，还要看电怎么供应、油怎么使用、动力是不是足、结构是不是稳，等等。你设计时得先能让车跑起来，再去关注真正造出来的能不能跑。

那怎样的产品方案才是逻辑通顺的呢？怎样的产品模型才称得上是合理的呢？

图 1-2 中的检验矩阵就是从九个问题出发检验产品模型是否得当。

是否能够:	提高或不降低效率	降低或不提升成本	提升或不破坏体验
是否合理:	提供的可能	发生的场景	接受的意愿
是否存在:	市场	需求	用户

图 1-2　产品模型的检验矩阵

首先从最底层看要判断市场、需求，以及用户是否真正存在。

市场的存在：指的是这个市场是否成熟。比如 VR 市场，目前尚未成熟，用户群还是停留在只有少数极客的程度。但电商市场已然非常成熟，2015 年双十一的天猫总成交额接近千亿元[①]。

需求的存在：指的是需求出自臆想，还是真实的发现？我听说过一个段子，讲的是“如果你听到身边有人一拍大腿说，‘要是有个 XXX 的产品就好了！’那这样的需求肯定是真实存在的”，这不无道理。

用户的存在：指的是针对判定出的需求，用户群到底存不存在。比如我们的确发现有定制高端生日礼物的需求，但这个需要有多少人会存在，他们是不是足够成为支撑我们产品的用户群，这些都是要考虑的。

其次，再看需求满足的逻辑是否合理。

提供的可能：对于单方的产品（比如像新闻客户端、搜索引擎）来说，服务和内容是我们官方提供的，那要考虑是不是从现实层面真的可以提供；对于多方的产品（比如像外卖平台、问答平台）来说，服务和内容则是由另外一端的用户提供，他们有没有意愿也是要考虑的。

① 阿里巴巴公司的公开数据显示为 912 亿元。

发生的场景：若是只说用户存在、需求成立，但却找不到发生的场景，自然也是不合理的。比如想要提供服务的人和想接受服务的人在不同的地理区域，那就可能对接不上需求了。又或者即便是用户认可你设计产品所提供的功能，但用户却找不到恰当的使用时机和触发条件，那也是不合理的。

接受的意愿：很多时候我们的产品只考虑需求本身的合理性，而不考虑用户对它的接受程度。比如最常见的上门服务，若是各方面都很完备，但用户总是有所顾虑，不愿接受，那产品就不得不面临悲剧收场。

最后，要看产品模型创造的价值是否是正面的。以上三个层面，至少要在两个不降低的情况下对另一个做提升。好的产品模型，应当是三个层面都有提升的。**京东创始人刘强东在 2015 年 12 月的一次公开演讲中，提到："创业成功需要具备四个要素：团队、用户体验、成本和效率。"后三者就是互联网产品创造价值的关键要素。**

效率：互联网带来的是信息化，信息化最大的价值就是提高了很多行业的效率。对于互联网产品来说，能否让一些事情变得更快捷、更有效率，让用户完成一件事更快是最重要的检验要素。

成本：效率跟成本往往是对应的。如果提高效率，成本通常会降低。但如果效率提升了，成本却也随之提升，那么要反思产品逻辑是不是欠妥、整个模式是不是并没有给用户带来多大价值。

体验：在当今消费升级的时代，体验也是很多产品的价值所在。能够让用户在不耗费更多成本和时间的前提下享受更好的体验，也能让产品模型足够稳固。

这种检验可以对产品模型有大致的考量，也能大概知道，产品模型是不是值得真正做出产品去尝试。

商业模式：盈利合理性

作为产品，最根本的意义就是给用户创造价值、从用户那里得到酬劳。产品经理在考量需求时，也一定要考虑到商业的层面。“怎样赚钱”是实实在在的、与产品逻辑并行的关键问题。

首先作为一个产品，我们知道它能产生价值，而且这个价值跟钱也很有关系，可以称之为赚钱的可能。有个非常简单粗暴的评判标准，那就是“离钱有多近”。比如，一个电商相关的产品，那就比做内容的产品离钱更近。而同样是做电商产品的，如果交易在产品中发生，就比交易在站外发生离钱更近。

所以你会看到，很多做工具的产品都在希望能做内容，因为内容更有价值，它相比工具容易变现。而做内容的希望做社交，因为社交更有价值，证明用户在平台上互相产生关系了。做社交的想做电商，这就直接跟交易场景相关了。

赚钱的可能是谈概念，看做的事情值钱不值钱。下一步，则要谈实际的赚钱方法。赚钱的方法看起来五花八门、琳琅满目，但总结来看，实则大同小异。

广告：互联网发展至今，广告依然是最大的蛋糕之一，也是最主流的商业模式。相比传统广告，互联网产品中的广告定位精准，效果显著。但互联网的广告模式一直在质疑中发展，尤其是涉及比较敏感的医疗广告。

图 1-3　国内互联网广告市场巨大（来源：艾瑞咨询）

售卖：产品是明码标价出售的。比如在 App Store 中付费下载应用，或者出售互联网服务。现在的用户对虚拟产品的接受程度越来越高了，有很多电子商品销路都不错。

增值服务：用户可以付费获得额外的服务、产品特性或者服务中的特权。比如大部分游戏采用的就是增值服务（在游戏内付费买装备、宝物等）而不是售卖的形式（一次性付费或者点卡形式）。视频网站的会员模式也是如此，爱奇艺在这方面的尝试很值得借鉴（会员可以更早地看到网络剧集）。

图 1-4　2016 年 6 月爱奇艺会员数刚刚突破 2000 万大关

佣金/抽成：主要是在信息或服务对接的多方平台，比如天猫。大部分的佣金都是向服务者或者卖家收费，少部分会向消费者收费。比如微信支付会向普通用户收取提款手续费。

企业服务：企业服务严格说其实也是售卖的一种。在拥有大量数据、信息或渠道的前提下，可以开展更多服务，提供有价值的信息和服务。比如支付宝可以帮助进行信用评级，艾瑞咨询可以帮助提供产业报告。

根据产品模型的特征可以匹配对应的赚钱模式。流量可观的，一般都尝试用广告的方式；有高质量用户的，可以考虑发掘他们的付费意愿；有数据或者渠道价值的，看能否进一步向第三方提供服务。

另外，对很多内容产品来说，想依靠最直接的售卖内容来盈利，在目前互联网信息流通发达、复制简单的大环境下是困难的。凯文·凯利在《必然》中提到，基于这样的前提，获得更多内容本身之外的权益或者服务，将是内容免费时代的趋势。例如以下几种方式。

比别人早得到的权利，或者说时效性权利。比如有的付费会员可以看到最新的剧集。

差异化服务。比如很多个性化的、定制化的内容服务，像 2016 年中旬流行过一阵子的付费问答平台“分答”、“值乎”。

更容易获取。比如很多电子书和音乐软件，可以在云端存储所需的内容，需要时可以随时获取。

打赏、赞助，或者说粉丝经济。比如很多博主和网络作者都能通过内容获得关注者的认可和赞赏。

跟产品逻辑一样，没有经过演算的赚钱方法是没有意义的。很多具体执行层面的问题，比如流量大可以投放广告，那投放多少？未来会有多少流量？流量带来多少曝光？会有什么类型的广告展示？这些广告的点击如何？它们能否支撑公司的运营？等等。

再比如佣金这种方法是很多服务类行业都会考虑的。那到时候的单量预计会是什么样？每单的平均客单价如何？用户会接受怎样的抽成？这样的营收是不是能支撑公司的运营？（在很多情况下，低客单价又低频的服务都是极其危险的，盈利往往都无法支撑运营成本。）确定了大致的方法后，仍然有很多问题有待解决。

如果说在产品模型中能把自己当作用户从头到尾演绎一遍使用流程，那么在商业模型中就要把每笔钱、每笔账都算清楚，它们流入流出会是什么样的情况，未必特别准，但至少保证不会在逻辑上都很难自洽。

在讲解商业模式的书——《商业模式新生代》中，作者提到：商业模式涵盖了九个构件（Building Blocks），它们可以描述公司创造收入的逻辑。这九个部分分别是客户细分、价值主张、渠道通路、客户关系、收入来源、核心资源、关键业务、重要合作，以及成本结构。

有些内容可能在产品模型里也有探讨，但在考虑商业模式时，分析的角度会有所不同，一个主要强调用户和市场上的逻辑合理性，另一个主要强调在经济和商业上的逻辑合理性。对商业模式来说，还存在一个重要的问题：商业模式不只意味着怎么赚钱，还要考虑清楚怎么花钱。也就是说，盈利能够覆盖成本的模式才是合理的模式，仅仅有盈利不能算有效模式。

大部分的互联网产品都要考虑到用户获取成本（CPA）和用户活跃成本。也就是说，能够让用户愿意用自己的产品，这里要花费多少成本？能够让用户愿意留在自己的平台上并且愿意付费，需要花多少成本？这两个成本跟预期的收入之间的关系，就代表着商业模式的合理程度。

案例 3

以知名社区知乎来举例，在百度新闻搜索“知乎+商业化”，有 300 多篇文章讨论，很多人都很关心国内最大的内容社区之一的知乎在迎来流量爆发后商业化会怎么做。

首先知乎作为高端的知识分享社区，内容虽然没有直接售卖的价值，但有相当高的潜在价值。我们看到，很多新闻热点在知乎上的讨论被大量引用、许多专业领域的知识在知乎上都有了不少分享。

对于创业团队有一点很重要，那就是——一定要基于产品的核心价值赚钱。绕开核心价值，选择边缘功能赚快钱，必然是无法长久的。像知乎有流量，可以做会员体系，也可以发掘有价值的大数据，但它的核心价值仍然是高质量的答主和高质量的内容。如果单纯为了赚钱，那么这几种方式都可以，但都无法体现产品最有价值的部分，甚至有可能破坏核心价值。比如，贸然增加广告、建立会员体系可能会对知识型社区的形象造成负面影响。

知乎一直在发掘高质量答主和内容上努力。2016 年中旬上线的认证体系给一些优秀答主和来自知名机构的答主加了标注，提供给了大家识别优质答主和内容的手段。比如，给知名的答主出电子书和实体书，上线了付费问答的平台值乎，开启了专栏文章的打赏功能，以及付费收听讲座的平台“知乎 Live”。另外，还把一些精华内容制作成“知乎日报”，在其中附加广告。

环境：拓展合理性

很久之前，有个律师朋友找到我，想看看能不能做一些有趣的事。我们考虑了很多产品，把逻辑构建得足够完善，模型搭建足够科学。但后来我们发现了硬伤：整个方案在时空的延展性方面太差了。用比较流行的话说——“天花板太矮了”。

有一个常见的概念叫做“需求的轻重”。“重”的需求意味着很多精力和付出要放在线下，比如外卖平台相比点评类产品，就“重”得多。过去单纯线上的互联网产品，往往解决的是产品及技术层面的问题，可以说比较“轻”，做事方式也比较快捷。但近几年新出现的公司则需要提供很多高成本的线下服务，常常连“转向”都很困难。“重”的需求意味着要做深、做得专业，比如提供餐馆信息是最轻的，而提供餐馆的团购则是略重一些的，如果直接提供餐品，那就是最重的了。显而易见，从最轻到最重，要做的事情、要涉及的环节是越来越多的。

说回刚才的话题。律师行业首先是小众群体，这样的用户群规模可能就比较小。从时间发展上来看，不会有太大的变化。如果要做需求，就只能是特别重的需求。其次，这个行业已经形成了自己固有的圈子和行事的模式（或者叫“潜规则”），想要突破很难，想要培养用户习惯也很难，所以做很重的需求，将会吃力不讨好。最后，即便是很重的需求做得够好了，那么想要拓展到律师行业外的领域，几乎也是不可能的。甚至在律师行业内的不同群体，大家需求的差别都会很大。

时间上无法有突破（律师行业变化小）；空间上局限也很大（律师行业比较有差异性、圈子小）。整体上，我们就判断这个方向是暂时不具有延展性的。

那么做什么样的产品是有延展性的呢？比较有代表性的是小米科技。手机这个产品，虽然由于各种原因，也必然比常见的互联网公司做得“重”，但是它在时间上，可能性非常大。如果是一把剪刀、一个梳子，我们知道五年前是这么用，五年后可能还是这么用。手机是不一样的，我们可能隔几年就更新换代，因而也想象不到五年后我们用的手机是什么样子的。

小米科技的产品在空间上的延展同样有很多可能性。比如作为智能设备的快消品品牌，手机也可以过渡到平板电脑、智能电视、家用智能设备上，不仅是品牌的延展，在产品的供应链、资源渠道、技术研发和设计的层面都有可复用的部分。空间的延展还包括用户群体。刚开始也许是发烧友，后来就是年轻人，现在老年人也开始用。刚开始主要在一线城市火，后来二、三线城市也都在用，现在国外也有不少用户。**小米全球运营主管雨果·巴拉在 2016 年 2 月 28 日称，小米已成为印度第三大在线手机销售商。**

从时空上来说，小米就完成了从一个小众品牌升级为智能设备国际品牌的尝试，而从时空延展性的逻辑上来说是合理且清晰的。

图 1-5　小米在 2016 年 3 月 29 日发布了全新的生态链品牌“米家”

那么怎样看待延展性呢？大概需要了解以下几个问题。

- 想要进入的市场的状况是怎么样的？会发生怎样的变化？

市场竞争环境：所在的市场现在是怎么样的状况？是巨头和一大堆创业者都在打得火热，还是没人在关心、非常冷清？大家对这片市场的态度是怎么样的？

相关的技术：有什么技术会影响到这个市场的变化？在技术层面，对市场、产品的影响会有多大？比如会不会有一些发明颠覆市场的运作方式或者结构？

相关的政策：有没有相关政策会发生变化？是利好的还是利空的？

- 面向的用户如何，会发生怎样的变化？

用户群体目前是怎样的？他们属于什么结构、有怎样的特征？这些属性会发生变化吗？对于不同年龄、不同领域、不同国家地区的用户，有没有拓展性？

- 产品逻辑的拓展性如何？

首先，对于当前的需求，可以实现的产品方案是单一的，还是多样的？对于这些方案，可以做的事情够不够多？是不是基于它们还能开展更多服务、实现更多功能？

其次，对于当前的用户可以满足的需求除了目前考虑到的部分，还有更多吗？如果用户沉淀下来，能否发掘他们更多的需求并满足？

最后，对于当前的垂直领域，可不可以扩展到相近的领域（比如从美甲到所有美容业）？如果扩展到这个领域，产品逻辑上可复用的部分是不是足够多？

- 商业模型的拓展性如何？

赚钱的方式有一种，还是多种？每种商业模式的逻辑都成立吗？对于目前的用户，使他们成为付费用户或者说产生商业价值的可能性会因为某些因素发生变化吗？

团队：实施合理性

除了对产品整体逻辑和商业模型的判断之外，还要对团队的自我能力有清晰的认知。连续创业者、美团创始人王兴就曾经说过："我始终认为人是最重要的，你是不是有足够好的团队？有足够好的团队，你才会有正确的战略，才会有强的执行力，所以归根到底都是人。"

在创业过程中，王兴能够意识到自己的短板，很多并不熟悉也不擅长的业务都会尽快引进新的人才来补位。当在线营销遇到困难时，王兴请来

SEM 专家陈敏鸣做营销副总裁；当地面团队遇到瓶颈时，王兴挖到了阿里巴巴在 B2B 负责销售的副总干嘉伟来主持工作。这些举措都让美团在当年千团大战中能够站稳脚跟，笑到最后。

即便是王兴有绝妙的想法、强大的逻辑推断和分析能力，如果没有恰当的团队来实现，照样会是竹篮打水。

作为产品经理，尤其要清楚团队资源的状况。在当前的条件和资源下，到底哪些产品和功能是能够得心应手的，哪些产品和功能是会做得非常吃力的，哪些产品和功能又是遥不可及的，要有客观的判断，不要只顾着做“最好的”产品，却不考虑是不是有能力做这样的产品。

案例 4

几年之前，我在初生牛犊不怕虎的状态下，跟几个小伙伴“攒”了个小团队，准备在旅游行业大干一场。我们详细调研了很多信息并做了周全的准备，写出了商业计划书，并且接触了很多投资人。期间，我们还拿过几个创业大赛很好的名次（这点现在看起来尤其没有意义）。

客观来说，当时我们讨论了很久，通过各种需求分析得出的产品逻辑以及商业逻辑，仍然是走得通的，是可以做的一个方案。但问题恰恰就出在团队能力上。

按照计划中的产品逻辑，我们当时组建的团队跟实际所需要的团队有一定差距，在技能上不能覆盖：我们缺少旅游行业的背景，没有传统旅游业的资源；同时我们也没有能够带好地面团队的合伙人，在境外目的地没有靠谱的代理。当时我记得很清楚的是，有位投资经理问我们说：“我理解你们的逻辑、明白你们的思路，我觉得非常合理也很科学，但是，为什么是你们做？”

“为什么是你们做”这句话，应该是我们在分析任何需求、实现任何产品前都应该问清楚自己的。这句话包含两个意思。其一，你们有能力做出这个方案吗？能力可能是多面的，不仅是产品设计的能力，还有技术能力、运营能力，还包括资金的情况。其二，你们比其他人做有足够的优势吗？就是在各种所需的能力上，每项跟其他竞品团队的能力有多少差距？

很多情况下，第一个意思是要认真斟酌的。我在锤子科技刚刚工作时，曾经负责维护过几个月 BBS 里的产品讨论和建议方面的帖子，见过了特别多好玩的、有趣的、很异想天开的建议。有一些推荐的功能如果真能做得出来，自然是能引人瞩目。但问题就在于，以当下的能力所限是绝对做不出来的，最领先的科技水平都达不到做出这种功能的程度。

所以对于产品模型，构建是一回事，但不要只看到大厦的光鲜，还要看看施工队的状况。需求连带而来的是现在不能解决的问题，那这样的需求分析得再透彻也没有意义。

成长建议 |

点子并不代表着任何意义。1897 年，庞加莱就提出了空间相对性的概念，次年提出光速不变假设，洛伦兹变换都是他命名的。但为什么都说爱因斯坦提出了狭义相对论？因为爱因斯坦的论证是更精确、更完整的。

狭义相对论的逻辑完美，证明了他的理论合理性。爱因斯坦的“封神”，是因为可靠的实验结果得到了证实。不是说某个人在娱乐节目中提到了“引力波”三个字，就可以说他是天赋异禀，发现了世界真相。无法证明的创意是分文不值的。所以迄今为止，全世界专利都不保护没有实现或者无法证明的简单创意。

对于互联网产品的点子，更是如此。我们在讨论点子的时候并没有意义。单纯只有一句话的功能也没有意义。我们要把点子细化成方案，有健全的产品模型和商业模式，并在时空中有延展性、在团队能力上能够匹配，这样的点子才有价值。

要点反思

- 点子落地之前，务必先“纸上谈兵”一回。
- 说服身边最理性的人和最吹毛求疵的人认可你的想法。
- 证明你们的团队可靠，跟证明方案本身的可靠同样重要。

第 2 章

找到产品核心价值

Less is more.

——Ludwig Mies Van der Rohe[①]

在刚开始做产品的时候，我心里想到的无非就是找到需求做功能，做完了再找新的需求做功能，以为产品经理就只是不断发现需求、不断实现功能的人。后来，遇到很多前辈，他们都会提到“核心价值”这件事，起初我很不理解：只要满足用户的需求，不就都是有价值的吗？

经过了几年的成长，我终于意识到了核心价值的意义。

产品经理的经典书籍《用户体验要素》里提到了产品设计的多个层级，提出了 Web 时代互联网产品要自下而上设计的概念，即使到现在移动互联网时代都不算过时。

图 2-1 展示的就是用户体验要素的模型。虽然模型里用的词是“用户体验”，但在完整的产品设计上，这也是合情合理的一套方法论。核心价值其实就是战略层里包含的目标，也是最基本的底层支撑。要设计的功能，

① 少即是多。——密斯·凡·德·罗

都要基于这个价值去做。

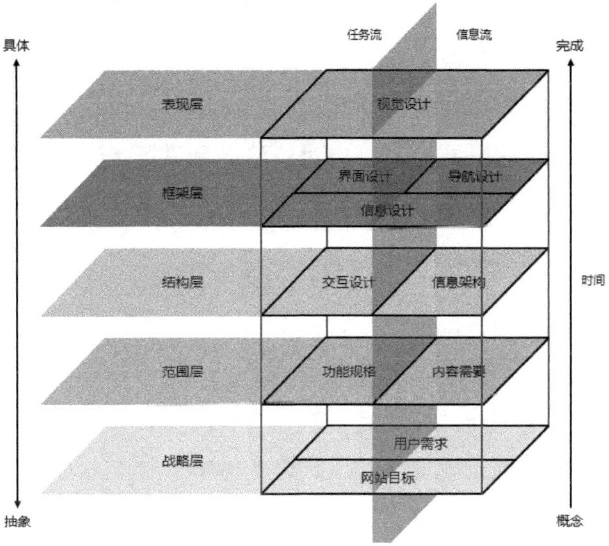

图 2-1　书中的用户体验要素模型示意图

找出核心价值的原因有三：

第一，发现核心价值，能够选择综合考量下来最优的功能。能够创造价值的功能很多，但核心价值意味着对产品来说，这样的功能性价比最高，或者是最受用户认可、最有商业价值、对公司最有利。

第二，基于相同的核心价值设计的功能，逻辑统一。逻辑一致的功能可以互为补充，用户群体相似、需求也相似，能让价值产生增益。而零散的功能，成本高，往往吃力不讨好。

第三，有单一的核心价值能够让用户对产品产生认知。想要依靠多种价值打动用户在初创阶段往往特别困难。产品起初强调核心价值和核心功能，可以让用户更理解这个产品能解决什么问题。很多产品是大杂烩，用户可能都发现不了自己想要的功能，因此很快就流失了。

那么，怎样去找到核心价值呢？什么样的功能才算是体现了核心价值呢？核心价值的定义应当是，离开了它，产品就不能真正解决用户的实际问题。

虽然说起来，解决问题好像是天经地义、顺理成章的事情，就像饿了就给食物，冷了就多加衣服一样简单，但对应到产品设计上会变得复杂很多。产品经理在这中间，如果不做充足的分析，那么就会出现并没有解决问题的情景。

这确实不是空口无凭的担忧。我见过很多创业者，他们很多也都很有经验、精力充沛，在产品设计上也做了很多考虑。一些比较理想主义或者有追求的创业者，也会在产品上体现自己的风格和品位，让整个产品的气质跟其他产品不同。这些创业者很多都是熟读各种精彩的创业故事、也深谙各种成名前辈所讲的高大上的概念和思路。他们会吸收很多关于怎样包装、如何吸引用户这样比较表层的知识。这些知识本身是没有问题的，但会让大家把注意力从真正需要关注的地方转移掉，不去试图真正解决用户的问题，而是只考虑怎样做得精美。

这是太多创业者会遇到的误区。他们做出来的产品往往在给别人看的时候，人人都说好，也容易讲故事，可以有很多有意思的小点子、小故事分享给大家，但是唯独缺了一样最重要的东西：这对用户有什么意义？

除了创业者外，很多大公司的产品经理，同样存在眼高手低的问题。虽然他们有更多的途径和方法接触到用户，但往往会因为过于自信、过于盲目，并没有很好地把用户提供的信息和数据利用起来。大公司的工作流程是标准化的，职位和职权细分很清楚，就常常不会有人关注到全局或者整体，也不会有人特别在意可能职权覆盖不到的地方。

这样通过流程化的生产线做出来的产品，是不是真的为用户接受是存疑的。道理相似，他们都未必把注意力放在解决用户的问题本身。他们做出了很多功能，却都未必称得上是产品的核心价值。

“解决问题”是产品价值所在

2016 年初，在微信公开课 PRO 版的活动上，张小龙做了一次公开演讲，探讨微信的设计理念，以及它的四点核心价值。在演讲中，他提到了以下几句话：

“……我想跟大家分享微信的一个基本价值观，我们认为一个好的产品是用完即走的，就是用完了我就走了……一个好的产品不是黏住用户……我们认为任何产品都只是一个工具，对工具来说，好的工具就是应该最高效率地完成用户的目的，然后尽快地离开……我们要考虑的是怎么样更高效率地帮助用户完成任务，而不是让用户在微信里面永远都有处理不完的事情。”

第一句里的“好的产品是用完即走的”引起了广泛的讨论，大家都在咀嚼这里面的含义。在知乎上，问题“如何理解张小龙说的‘好的产品是用完即走？’”得到了 2000 多个关注，被浏览了近 40000 次，有 260 个回答。

这段话其实很好地传递了一个理念，那就是产品一定要解决问题，用完即走。解决问题就是产品的核心价值。解决问题指的是，从根本上产品是在为用户做什么。微信是聊天工具，表现上是聊天，但根本上是熟人社交。陌陌也是聊天工具，而根本上说则是完全不同的陌生人社交，解决的是兴趣社交的问题。

再向下延伸，我们可以说微信解决的是熟人之间分享咨讯、交流信息的需求。而陌陌解决的则是在有社交需求的时候认识朋友的需求。前者的核心价值是在家人、朋友、同事之间的，而后者绝大多数是在陌生的异性之间的。

“用完即走”并不是不要黏性

要增强用户黏性、提高用户使用频率、提高用户的活跃度，这都是我们耳熟能详的产品设计思路。更多的专业术语，比如跳出率、转化率、停留时间、日活、月活、留存率、单次使用时长、打开率、用户平均价值等等，对于很多产品经理来说，比运营和营销的同事都熟悉。

只关心概念上的指标的产品经理，就会把焦点放在怎样去活跃用户、吸引用户上，而且会做得比较肤浅。这样更像是用户运营，而非产品经理。产品经理关注的是真正解决用户的问题，而用户不够活跃，可能有多方面的原因，不能牺牲产品逻辑的一致性来完成运营目标。就好像你卖家具并不是因为品质好，而是因为送礼品、玩花样、搞噱头，这样看起来数据好看、用户热闹，但其他家具做得好的企业会很轻松把你击败。

案例 1

张小龙在前文提到的演讲里这么说：“就像你买一辆汽车，你开完了，你到了目的地，你说汽车里面的空调特别好，所以要待在里面，那不是它应该做的事情。”

“我们刚开始看朋友圈里面都是一些朋友的动态，可是慢慢发现朋友圈里面有很多心灵鸡汤，被各种各样地诱导上来发了一些内容，如果这样的信息多了其实最终的结果未必好，最终的结果可能是用户觉得朋友圈里面的信息太水了、太杂了，慢慢地他再看朋友圈的意愿会越来越低。”

显然，他提的例子是说黏性没问题，但不是说不分场合、不分情况地黏住用户。汽车的价值是要让你顺利驾驶到目的地，不能因为空调做得好就黏住用户让他待在车里不出来。如果让只关注黏性的产品经理来做，甚至会把各种好玩的东西塞进车里，把车打造成一个私人 KTV、个人影院甚至娱乐室，然后留住用户再放各种广告……这根本就违反了整个产品的逻辑，结果就是用户未必能很好地解决他的问题，甚至可能会制造新的问题。

朋友圈里的各种营销内容、鸡汤段子当然能提高用户的黏性，这些都是用户喜闻乐见的，也是关注黏性的产品经理喜闻乐见的。如果让这样的产品经理来设计，很可能未来朋友圈干脆就变成了另一个今日头条，或者天涯、猫扑，成了单纯的信息内容产品，而不是社交产品了。想要跟好友分享生活的用户就会逐渐离开，这个功能就失去它原本的意义。最后的结果就是，微信里多了个今日头条的入口而已，辛辛苦苦打造的最大的熟人社交平台——朋友圈就会消失了。

这不意味着朋友圈不能做信息或者咨询。2016 年中旬开始，微信在搜索中也提供了一些快速定位朋友圈热文的入口，大家认为这是在向今日头条的方向去尝试，让微信也承载更多信息和资讯阅读的价值。但可以看得出微信在这方面的节制，这些功能仍然要在不破坏朋友圈核心价值的基础上进行尝试。

我记得之前流行过一个说法，就是很多产品经理在使用“黑魔法”来完成一些需求。“黑魔法”是英国用户体验设计师哈里·布努（Harry Brignull）博士提出的概念[①]，即通过精心设计的陷阱，诱导用户做某件事情。所谓黑魔法的设计只能带来短期的效果。比如疯狂地利用大家的强迫症心理，在各种地方放小红点，让大家忍不住去点。这样做最直接的效果就是，的确能把用户引流到希望他们点开的页面中去，或者换句话说，数

① 国内的产品经理 BLUES 也曾经翻译过一系列黑魔法的文章。

据很好看、KPI[1]很容易完成。但这种黑魔法带来的看似好的效果，实际上是建立在对用户体验的破坏上，它们并没有解决用户什么问题，反而是在制造问题，完全是饮鸩止渴的做法。

用户在使用产品的时候，希望听到的是"让我来帮助你解决问题"，而不是"你看看我们这啥都有，你试试这个呗，你试试那个呗，我们特别便宜……哎，你别走啊！帅哥！你不要残忍拒绝！去打个五星吧！"

有的产品经理做的功能都要依靠黑魔法，先是硬塞入醒目的小红点让用户忍不住点击，等用户免疫之后，不得已又硬塞各种弹窗。等用户再次免疫之后，就再硬塞链式启动和大礼包[2]，产品越做越可怕。

做产品时，一定要避开这些"黑魔法"。不要以暂时的效果作为目标，以破坏用户的感受为代价，过于"热心"，有事没事撩骚用户，黏住用户。

确保产品真正解决问题

产品的价值不在于做很多功能的叠加，也不在于当前黏住了多少用户，那么在于什么呢？

最著名的O2O产品之一Airbnb的创始人Brian Chesky曾经说过一句话："比起有 100 万个普通粉，宁愿要 100 个脑残粉"[3]。用尽各种办法把 100 万人留在平台上，但并没有解决他们的什么问题，他们对你就毫无价值，

① Key Performance Indicator，关键绩效指标，许多公司在使用的考核方法。

② 链式启动指的是 Android 系统的 APP 在后台唤醒其他 APP 或者插件；大礼包指的是在安装软件时以掩人耳目或者强制的方式同时安装许多其他软件。

③ 原文是：Better to have a 100 people who love you than a million people who sort of like you.

长远看不会继续留在你的平台上，从商业价值上来看他们也几乎不会产生付费意愿。

但如果你有 100 个脑残粉，你能解决他们最实际的问题，他们会对你产生信任，不仅愿意养活你和你的团队，甚至还可以成为你的免费推销员，让你的口碑快速传播开来，这里面不会有水分——毕竟你真正解决了他们的问题。

用户的“量”不重要，“质”更重要。而要让用户真正跟你的产品产生很强的关系，自然就要看解决问题是不是够好、够快、够准。在解决问题的时候，要确保产品真正能满足用户需求。最尴尬的情况是，你费尽心思终于分析出的需求，精准无比，但做的功能却扑了个空。

没有真正解决问题的情况有很多种，这里列举几个。

1. 方法看似可以，但实际上很糟糕

有时候，我们以为功能很好地解决了问题，但实际上是很糟糕的方法。比如我们的产品新增了一些重要的功能，希望用户了解，就强制用户在使用 App 前看完许多页的教程并且要填写大量测试题。

看似解决了问题，但给用户体验造成了难以弥补的损失。后来许多老用户在网上分享这些测试题的答案，新用户都去搜索这些答案来完成教程和测试。这样的结果完全失去了原本功能的意义。

对于这种情况，其实可以在不破坏用户体验的前提下，增加若干比较轻量级的指引，比如在首次使用某按钮时附近显示浮窗提醒、提供一些帮助手册方便查询等。

2. 方法看似可以，但可行性差

这种情况指的是，很多人在设计阶段就太过天马行空，脱离了执行层面的考量。比如为了让产品界面更美观、用户体验更佳，增加了很多交互动画和复杂的页面切换效果，但由于没考虑到大部分手机产品的性能，很多用户在使用产品时经常遇到卡顿、迟缓以及页面错误，原本设想的预期根本没有达到。

3. 方法看似可行，但问题却并不需要解决

这也是极容易犯的错误：我们自认为用户的问题既然是真实的，那用户就真的需要解决。这些都是所谓“想当然”的功能。比如在做快递配送产品时，发现提醒音量巨大无比，而且提醒次数看起来略多（连续 4 次），看似把音量修改为正常程度、提醒次数减少一半应该是合理的。但在真实情况下，快递员在户外做配送，环境嘈杂，也并不是时刻紧盯手机，所以极高的音量和多次提醒能够减少快递员错过消息的可能性。

这个陷阱提醒我们，你认为的问题，别人未必觉得是问题。即使大家都公认是问题，你也不能保证，他们就觉得这个问题是必须解决的。

用超预期的方式解决

如果只是单纯地解决问题，产品肯定是有价值的，但很难说有很大价值。现在的互联网竞争可谓异常激烈，无数公司崛起，又有无数公司陨落。在这样的环境下只是“做得可以”已经不够了，还要“做得特别好”。这给我们提出了新的要求：在考虑我们产品的核心功能时，不仅要判断是不是满足了用户需求，还要判断是不是以超预期的方式满足了用户需求。

假设用户原本在用产品 A，超预期是要让用户心甘情愿转移到你的产品 B 上来。超预期不仅仅是在于比原来好，而是“好”的程度能够抵消掉转移产品带来的成本。我们把超预期给用户带来的愉悦感和实际的好处（成本更低、效率更高等）记作 X，把用户转移产品的心理成本（对新产品的

陌生感，以及尚未建立的信任感）记作 Y1，把用户转移产品的实际成本（比如新产品注册花费的时间、转移资料花费的时间，以及像会员积分这样的实际损失）记作 Y2。那必须保证 X>Y1+Y2，这样的产品才能让用户满意。

做这样的产品看起来很简单，实则很难。有的创业者会说："你看某某产品非常不好，所以我们的产品肯定行。"这种逻辑的问题是，某某产品不好并不代表你的产品就能好，产品目前状况"不好"的原因可能是市场不成熟、用户没有习惯，甚至是前文所说的用户问题根本不需要解决。在这种情况下超预期的程度极难估量，因为很难搞清楚用户的心理成本和用户的实际成本如何。就算弄清楚了那么几个用户的状况，但对于剩下的成千上万个用户，了解他们的想法几乎不太可能。

因此在这样的情况下，要足够慎重，下一章节将会讲到以 MVP 和痛点的方式去摸索。在摸索的过程中渐渐了解到 Y1 和 Y2 是有多大，然后判断自己要做到带来价值大于 Y1+Y2 的产品是不是可行。总之，说这么多就是想讲一个道理：很多产品经理认为做出好的产品就是满足 X>0 就行了，但实际情况是，你一定要做到 X 远大于 0，至少要大于 Y1+Y2。

成长建议 ll

发现产品的核心价值，就是发现如何解决用户问题的过程。好的产品能够解决用户的实际问题而不是故意黏住用户。像微信即便到今天有了 40 多个功能点，也并没有让微信作为社交工具的核心价值有所损伤。大家在微信上交流讯息、传递消息，并不会觉得有困扰。

时刻铭记，我们在做产品时设计的功能不是为了投资人、不是为了老板、不是为了理想，而是为了用户。为用户创造真正的价值，才是有意义的功能；而能为行业甚至全社会创造价值的产品，才是真的可以长青的产品。

扎克伯格曾经说过一段话，值得大家参考："在硅谷人们总是先决定要创业，再决定要做什么，在我看来这是非常本末倒置的做法。对于真正创过业的人来说，他们知道创业本身是件非常难的事情，而真正让你能够坚持下去的是相信你在做的事情并且知道你在做的事情是在创造价值的。"

要点反思

- 解决不了问题的产品，只能靠补贴和红包留住用户。一旦遇到更大的红包，用户说走就走。
- 问题解决得够彻底，下次用户会主动来找你。

第 3 章

MVP 与痛点

Do things don't scale.

——Paul Graham[①]

第一次听说 MVP（Minimum Viable Product，最小可用产品）这个概念时，我并没有特别在意。因为我当时所在的产品部门，设计的是相对传统的手机操作系统，许多功能要跟硬件一起配套上市，所以更多情况下是要设计相对完整、完善后才呈现给用户。

后来创业时，我们定下来要花两周时间上线第一个可用版本，当时就完全是茫然的状态。我们只有两个工程师，要完成这个版本，怎么去规划功能呢？这时我才对 MVP 有了初步的了解。

MVP 是埃里克·莱斯所著《精益创业》中提到的概念，它的目的是验证两件事：一是产品满足了用户需求；二是产品能够创造商业价值。这恰好跟前文我们提到的，初创团队的产品经理应该探讨产品模型和商业模式对应。MVP 就是验证它们的手段。

---

① 从小事做起。——保罗·格雷厄姆

在接触到了很多创业团队后，笔者发现用 MVP 快速验证已经是大家的共识。所以之后在做很多功能时，都尝试着用这种方法，效果显著。这是在低成本的前提下将核心价值体现出来的最好方法。

许多产品都是从小做大的，而非起初就做得非常臃肿。打开微信，我们能看到它有许多功能。在图 3-1 中，我们可以看到微信大致的功能概览。作为已经有五年多寿命的国民级产品，微信的功能远称不上臃肿，但仍然可以列出 40 个左右的功能点。

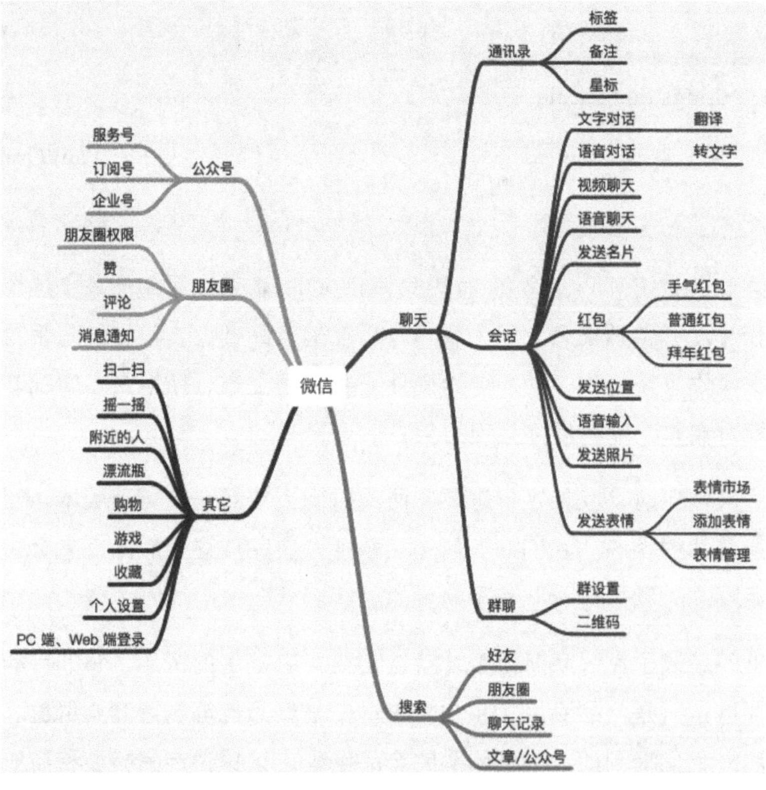

图 3-1　微信的功能概览

而微信最早的版本，其实也只有核心的通讯录和文字聊天功能。如图 3-2 所示。

图 3-2 微信的 1.0 版本（来源：网络）

很多新人产品经理在刚开始做某个产品，或者刚开始做某个产品中的新模块时，会认为好的产品应当是“面面俱到”。但越是早期的产品（或者某个成熟产品中的新模块），越需要做得更关注产品的核心功能，实现产品的核心价值，原因有以下两点。

第一，产品模型的合理不能确保功能也会受到用户认可，快速投入到市场中进行验证是最妥当的方法。互联网产品的迭代速度快、耗费资源少，也就提供了低成本试错的机会，让我们能够用这样的方法来检验产品功能。

第二，产品的核心功能就可以解决用户问题，所以从理论上说，就未必要等到产品非常复杂、完善之后，才能吸引用户。只要能解决问题，越快把产品提供给用户，就能越快获得这些用户。

在我们做出了 MVP 之后，要考虑的就是使用 MVP 来发现用户的痛点了。硅谷的一些创业公司流行着一个概念，叫做 PMF（Product/Market Fit），也就是产品和市场的匹配点。被称为投资教父的网景联合创始人马克・安德森在 2007 年提出这个概念，定义它的含义是在一个好的市场里，能够用一个产品去满足这个市场。这个定义更偏向从市场角度来看待问题，但跟痛点的含义相仿，都是解释产品要在市场或者用户之上，找到最契合的那个点。

PMF 理论认为，产品的增长曲线会在找到契合的这个点之后，快速增长。在这之前，一直是在较低范围的波动状态，如图 3-3 所示。

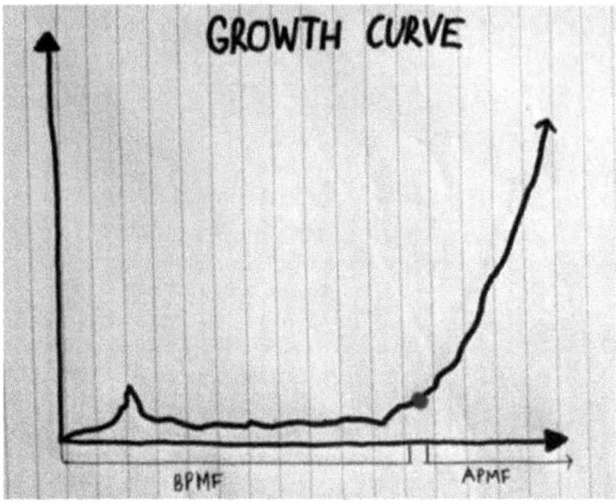

图 3-3　产品的增长曲线（来源：网络）

如图 3-4 所示，是一段可能的创业历程。我们做出了一个 MVP 1.0，然后投入市场，逐渐达到了预期 A 和预期 B（它们代表我们对产品阶段的预期，比如获取了 100 个用户和获取了 1000 个用户），但可惜 MVP 1.0 并没有坚持更久，我们再接再厉做出了 MVP 2.0，这次很快达到了预期 B 但也遇到了瓶颈。我们不断优化 MVP 的功能，使其更符合用户的要求，最后终于达到了更高的预期 C（比如获取 10000 个用户），这时我们就认为产品已经击中了用户的痛点。

产品经理在整个过程中，未必是按部就班只管设计、实践，还要做好判断：现在的产品处于什么阶段？它的运转是否良好？产品是否被用户承认？

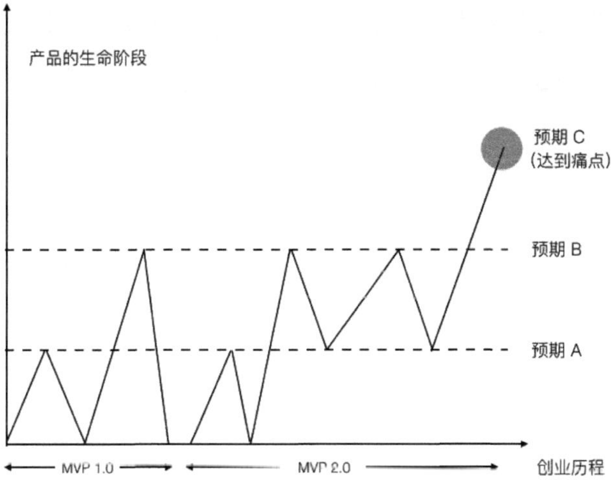

图 3-4　一次创业历程

设计 MVP

一个 MVP 对产品的要求是：达到可用与最小成本的平衡。对于很多并不了解 MVP 的产品经理来说，做产品的主要模仿对象就是微信、淘宝这样的平台级产品，做出来的第一个版本就会异常臃肿、成本过高。

对听说过 MVP 的产品经理来说，有时又过于简化，把产品功能做得太过简陋，甚至到了残缺的程度。残缺的产品会影响到用户的正常使用方式，也就无法达到检验的效果了。在实现成本和可用性上，找到平衡点，就是最关键的一步。

很多 80、90 后应该都接触过帝国时代、魔兽争霸这样的即时战略游戏。熟悉它们的话，就会知道经济、军事的稳步发展才是最终能够组建大军赢得战役的关键。首先，我们要把最需要的提供人口的住房、提供基础兵力的军营建好，再不断获取资源，在军事能力上升级、增加部队的多样性。

如果刚开始就憋着劲儿造最昂贵的兵种，那么很快就会被敌人连窝端了。

道理是一样的，要先做五脏俱全的麻雀，再去做所向披靡的雄鹰。

在设计 MVP 时，推荐参考的方法如下：

- **奥卡姆剃刀法**

奥卡姆剃刀是由 14 世纪逻辑学家奥卡姆提出的原理，大意是“如无必要，勿增实体”。做产品时我们也可以遵循这个原理，把预期完整的方案简单罗列出来，然后从最不重要的部分一点一点砍掉其中的功能。直到再砍下去正常功能就无法使用为止，这时候的版本就可以算是最基础的一个版本了。

- **用户访谈**

提供几个复杂程度不同的方案，做成便于理解的演示作品。比如幻灯片、Demo 或者图片。召集一些目标用户来评价。他们认为会接受的最低限度的版本就是最小可用版本。

- **去掉可人工处理的功能**

在很多互联网产品的创业初期，都是人工去处理很多事务，比如外卖平台最早的做法，很多都是工作人员看到订单，亲自给饭店电话下单。那时候根本没有商家端的产品。把这些可以人工处理的功能丢掉，暂时用人力来完成，是降低开发成本、实现 MVP 的好办法。

- **确保只有一个功能**

务必确保在产品里只有一个功能，不管第二个功能看起来有多炫酷。在 MVP 中，只实现最重要的那个功能，其他的功能之后再说。当然，除非产品里这两个功能耦合在一起，分离就不产生价值了。在创投圈有句话很流行：“好的产品是一句话能讲清楚的。”如果创业者需要解释很多、用各种图表和知识来跟你讲才能说明白产品在做什么，那么这样的产品用户估计也理解不了。确保只有一个核心功能，也就是能让用户一下子有了心理定位，知道你是做什么的。支付宝和微信这样的产品都叠加了很多功能，我们依然能说出它们的核心功能是支付和聊天。这样的功能就是我们在 MVP 中要保留的功能。

MVP 方法

设计好了 MVP，运用的方法也有很多。通常意义的 MVP，就是可用的产品，投放到市场中让用户亲自体验，然后收集反馈，持续优化。互联网创业者们有很多有意思的手段，以更低的成本达到了 MVP 的效果。

- 广告

Dropbox 的 MVP 方法经常被大家提起，广为流传。在他们团队想到做云盘的点子后，在根本没有实现时，就做了一条 3 分钟的广告，描述了他们的产品内容，并留下了产品注册方式。一夜之间，75000 位用户注册了他们的产品。

广告形式实现 MVP 其实类似用户访谈的形式，不过会更有说服力。拉着用户问他爱不爱用这个产品，他未必会说心里话。但发布一则广告，看有多少陌生人对产品产生了兴趣，就能证明这个产品会有多少人买账。

- 假 MVP

假 MVP 的方法有很多产品在用，与广告的方法类似，大意就是，做一个视觉效果没问题的产品，但功能都是（或者部分是）假的。电子邮件营销公司 Sendwithus 的案例就很经典。他们团队不仅做了一个网站，甚至可以登录注册并看得到高仿真的使用界面，不过界面里功能都是假的，如图 3-5 所示。

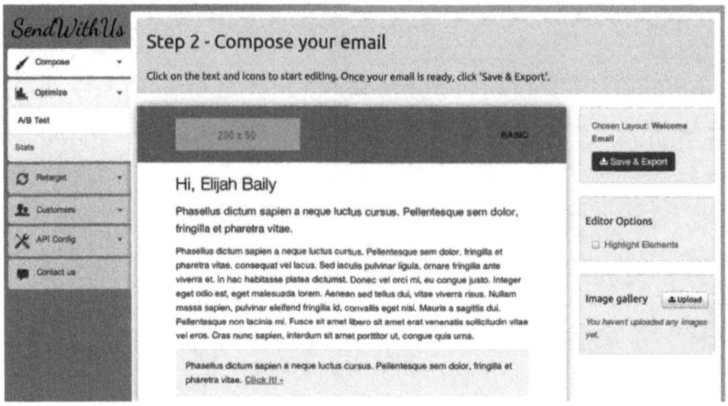

图 3-5　SendWithUs 的假界面（来源：网络）

每次当用户点击某个功能后，都会弹出界面，提醒用户正在开发中，并建议用户留下电子邮件，产品开发完成会有邮件通知。

通过这么机灵的方法，他们收集到了用户使用他们产品的数据。但直到现在，他们还没有真正的产品。

- 线下实现

前面提到，能人工实现的部分功能可以考虑砍掉。那么如果线下也可以完全用别的办法实现，同样可以不考虑开发线上产品。

其实很多互联网产品都是由传统行业的产品或者服务衍生出来的。互联网提供的是信息化带来的高效、便捷，并没有改变本质。举个例子，近几年很火的家庭厨房+外卖的形式，其实最初并不需要有完善的产品。我知道很多这样的产品，最初都是用传单的形式在写字楼和小区里发放的，大家预订的方式也都是线下团购。模式运作清楚后，再考虑移植到了线上。

- 众筹

众筹也是一种方法，在国内基本都运用在硬件领域。把对产品功能的设想预售，用户只要愿意付钱买单，那么东西就自然卖得出去。这是可以同时检验功能和商业价值的方法。

实现 MVP

上面提到的 MVP 方法，大多看起来像是预热和测验。无论如何，最终 MVP 都是需要实现成真正的产品的。在实现的时候，产品经理要考虑以下问题。

- **选择平台**

在平台选择上，产品经理要考虑哪种平台性价比最高，切忌每个平台都做一套。作为最小可用版本，完全不需要在多个平台上尝试。比如未来希望的是微信公众号（手机网页）、iOS 和安卓平台都提供服务，那么可以选择微信公众号，因为开发成本低、传播成本也低。即便公众号体验差，并不是未来预期的平台，那等时机成熟再弃用即可。

很多不怕麻烦的创业团队，不仅微信公众号、iOS 和安卓平台的产品一个不缺，居然在还没有多少用户的情况下，又要开始做 PC 端和 Web 端。他们不光搞不清楚 MVP 是什么，也不知道做一个产品的正常顺序是什么。

现在随着手机网页端技术的飞速进步，在微信公众号这样的平台里，我们也能有很接近 APP 的体验了。相对的，APP 的创业红利期已经过去，用户手机里不会愿意装太多 APP，即使装了很多 APP，有很多也几乎不会再打开。所以如果让我推荐，对于 90%以上需要客户端的产品，我都会建议先用微信公众号。

- **选择技术实现方案**

产品经理还要关心技术实现方案吗？答案我们会在下文进行探讨。这里先提一句：在 MVP 实现用怎样的技术方法，产品经理还是应该做个判断的。在产品相对成熟时，当然是产品优先，效果优先。但在 MVP 的阶段，产品和技术要平衡，产品经理必须参与进来。通过调整产品方案，来尽量减少成本。比如，做电商产品时，技术的同事认为在首页做广告展示位（横幅）成本很高，那么产品经理就可以考虑，是不是暂时不做专用的广告展示位，而是只提供一条公告形式的通知链接，能够实现引导和提示用户广告的作用，这样也是可以接受的？

另外，在技术实现时，如能使用第三方插件和工具减轻压力就尽量去用。在这个阶段，无须考虑太多拓展性的问题。产品都未必经受得住考验，技术实现得很完善，一旦推翻重来成本更高。

- 关于外包

对于是否要用外包实现第一个产品版本，我的态度是：慎重。有以下几点原因。

第一，要考虑启用外包的团队，大都存在一个共性：对技术开发并不熟悉，甚至对互联网也不熟悉。这样的后果就是，找到的外包未必靠谱、产品对接未必顺畅。我见过的创业项目，如果请了外包团队，做出来的产品 10 个里有 8 个不会满意。

第二，产品负责人或产品经理跟外包团队通常是异地，沟通一般都不会很顺畅。在正常的流程里，产品经理与技术要完成很多设计、讨论、整理的协作，但在异地的情况下，比较棘手。更多的外包项目甚至只靠几页草稿去开发，三个月后才能见产品，这样的产品质量可想而知。

第三，外包团队大都不会维护后续的版本。对 MVP 来说，最重要的意义在能够检验效果，下一步就是开启快速迭代，优化版本。但开发者都不在了，谁来做迭代、谁来做优化？

除非在极端情况下，很紧急地需要帮手时，是可以把非核心的功能外包出去的。如果不是这样的情况，还是尽量雇佣自己的开发人员。连开发人员都雇佣不到的团队，说明对开发本身就不熟悉，出问题的概率会更高，就更加建议先用线下的形式或者用假 MVP 的形式运作，这样会保险一些。

找到痛点

“解决了用户的痛点”才是让用户使用我们产品的最主要因素，以及体现产品价值的关键点。在第 2 章里，我们探讨过做产品要有核心价值，那么痛点其实就是我们要找的核心价值的体现。

当我们设计出了一款简单的 MVP 并投放到市场中去，发现用户对这个功能买账，而且我们主要解决了他们想出门吃饭、寻找附近美食的问题，那么这就是痛点了。根据痛点，我们不仅可以确定用户是认可的，还可以了解到用户为什么喜欢、在什么场景下会用到。所以，发现了痛点之后，才是深挖需求、快速迭代的时机。

Airbnb 是当今世界上最火的 O2O 服务之一，其团队的经历跟其他互联网创业团队一样，也是在寻找痛点的历程中摸索了很久。最初他们遇到的场景很具体：在旧金山参加会议，但旅店爆满，他们就在公寓里多摆了些气垫床，出租给当时没有地方住的人。当然，他们自己也没太当真，把这个当成很正经的创业项目。但当他们继续观察时，发现其实是可以有市场的。他们敏锐地意识到，用户的痛点并不是在出差开会时旅店爆满这个场景，或者不仅是这个场景，更多的是在旅行中需要廉价、干净、舒适的住处。基于这样的痛点，他们做了一些改变：不只关注会议时的临时旅馆，而是面向所有旅馆；开始提供在线预订时间和地点；开始支持用信用卡支付。

后来，还有一个重要的痛点，也经常被称为 Airbnb 在发展中最关键的发现：用户需要对房屋情况做事前判断。Airbnb 的创始人 Gebbia 和 Chesky

在看到成交量不够乐观后，决定找到问题所在。在跟很多用户了解之后，他们判断应该是出租者根本不会自我包装，展现出来的信息实在没有吸引力，或者不够健全。

于是，他们花钱租借了相机，免费给出租者拍摄精美的照片。后来，拍摄照片变成了标准化的专业服务，屋主可以在平台上预约摄影师上门拍摄。

从 Airbnb 的用户量增长曲线，可以明显看到开始拍照之后的变化，如图 3-6 所示。

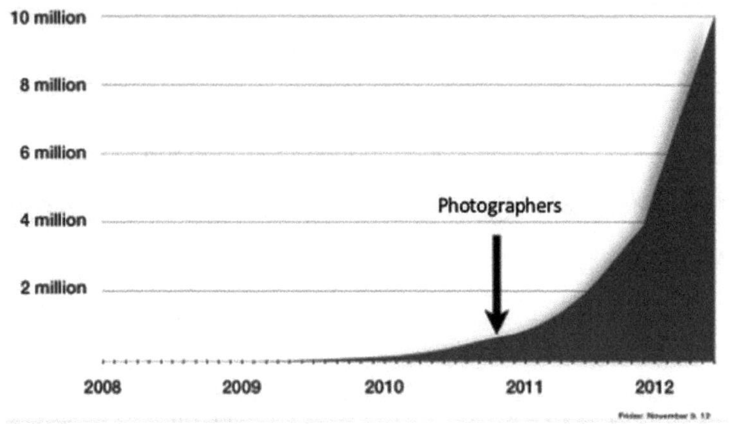

图 3-6　Airbnb 的用户增长曲线

“痛点”的含义解释过了，那么到底怎样找出痛点呢？

在第 2 章里，我提到过好的产品实现的价值 X，应该大于用户转移的心理成本 Y1 和实际成本 Y2 的和。也就是产品功能足以让其他产品的用户或者用传统方式解决需求的用户，愿意转移到我们的产品上来。这样的方式比较不好量化，大都依靠估算。外在的表现也就是用户源源不断地来，增长曲线足够动人。我们可以制定一些标准来判断是不是发现了痛点。

通过分析数据发现痛点

最直接的方法自然就是看数据。如果我们的功能或者服务，投入市场后得到了非常好的数据反馈，用户量或者订单量有了显著提升，那么显然就是找到了痛点。

对不同的产品，要关注的数据差别很大。建议关注以下数据。

- **用户数据**

使用频次。对社交产品来说期望值会高一些，比如 1~2 天开启一次；普通的工具类产品期望值低一些，比如 3~4 天一次；而电商类、服务类的产品，可以根据用户的实际需求频次来确定，比如对美甲来说，每个月 1~2 次算是正常的，因为这说明用户每次要做美甲至少都会想到你的产品并打开来看。

日活跃用户、周活跃用户和月活跃用户。如果对找到痛点这个阶段的产品来说，日活的增长率可能突然呈现几倍的指数增长。在这种情况下，我们才能说“快速增长”。

用户留存。用户的留存率或者流失率有显著变化，也说明产品正在越来越吸引用户。较好的次日留存数据，或者对电商和服务产品来说的复购率，至少要在 10%~20%。用户留存要看长效的统计，比如第一天的用户第二天留存还不错，但第五天都流失了，这就表示留存价值很低；而每天的用户总有一部分会一直留存下来，就意味着留存的效果很好。

- **商业数据**

付费转化率。注册过的用户有多少愿意付费？要根据最早设想的商业模式来计算这样的转化率是不是在预期中，是不是能在理论上支撑公司的运营。

LTV/CAC>3，即用户终生价值/用户获取成本>3。所谓用户终生价值，指的是用户在使用产品的整个时间周期中与产品互动所产生的全部总计收益；而用户获取成本，指的是获取同样的用户，要花费的总成本。这是一种很常见的用户获取成本衡量方法。整体的用户终生价值要大于用户获取成本的 3 倍，这样成本才算可以接受，或者说这样的用户值得我们去获取。国内很多创业团队花了大量的钱，但最终用户并没有回馈价值，结局就可想而知了。

目前国内互联网产品，往往是不太看重商业数据，而只关注用户数据。不管大环境是怎么样的，作为一个有清醒认识的产品经理，还是要时刻关注商业价值的数据的。否则就跟很多徒有流量却总赚不到钱的产品一样，陷入两难境地。

另外，要根据不同的产品，选择观察的数据。对于现在的很多 O2O 产品，比如外卖，关键的数据还是订单量。而单纯的订单量未必能证明什么，还要看商铺入驻的数量和质量，看订单的来源是否合理。数据的增长到底来自于补贴够多，还是来自于用户的满意；这些数据以目前的增速，是不是算进入了正常的范围……要综合考察，才知道产品是不是已经达到了预期中的用户痛点。

对于内容社区类的产品，其核心是内容产生的数量。同样的，还要看用户的活跃度，以知乎为例，还要包括用户的关注、阅读、点赞、提问和回答的行为，以及问答内容的数量和质量。只看用户量在增长，但回答者变少了、回答者的整体素质降低了，这也不算是好的数据。

发现痛点跟运营有特别紧密的联系，因为本质上，就是要观察产品是不是到了临界点，也要知道产品受到欢迎或者不被喜欢的原因。这时要跟运营的同事很好地合作，用数据来做出判断。

通过用户反馈发现痛点

数据分析能够定量地对痛点进行判断，而用户反馈可以定性地对痛点进行感知和理解。

对于产品最初的版本，用户会有很多话要说。一方面因为是比较新的产品，很多用户会表现出兴趣，以及他们为什么会感兴趣的原因；另一方面由于比较简陋，用户会有很多抱怨。这两种信息都非常重要，所以产品经理要特别善于获取它们。常见的信息获取方法包括用户在线反馈和定向访谈。

对于用户在线反馈，建议在产品上增加比较醒目的反馈入口，或者主动创建一些用户群，在产品醒目位置推荐大家加入讨论。找到第一批种子用户的工作也许是运营的同学去做的，但维护他们，产品经理是一定要参与的。

除了官方渠道之外，要多观察哪里可能会有人讨论自己的产品。常见的是应用商店的评论区、贴吧、知乎、豆瓣、微博。多跟他们接触，并且针对他们提到的观点交流，会有非常多的收获。张小龙就曾经要求他麾下的产品经理们在了解用户方面做到“1000，100，10”，也就是“每周看 1000 篇帖子或微博，看 100 篇博客，做 10 个 CE（Customer Engagement，用户参与）”。小米科技在最初做 MIUI 时也要求产品经理每天都在论坛回帖。MIUI 发布四年，收集的用户反馈帖过亿。这些对于观察 MVP 的效果来说尤为重要。

对于定向访谈来说，可以用访谈的形式跟用户确认以下几件事：

- “你喜欢我们的产品吗？”
- “你在用这个产品之前，在用什么产品？”
- “这个产品给你带来帮助了吗？或者解决了你的问题吗？”
- “如果继续用它，你觉得会用多久？”
- “你觉得要变成什么样，你就更不会离开它了？”
- “如果现在你用不到它了，你会有不适吗？”
- “如果我们收费/做广告/提供付费服务，你会接受吗？”
- “你愿意在这个产品上花多少钱？”

访谈话题的重心可以参考当前的数据情况。如果数据是乐观的，那就聊用户喜欢的点，找到现在产品中最吸引他们的部分，发现痛点背后的逻辑。如果数据是不乐观的，可以问用户现在不爱用的原因，要更仔细地去发现他们已经在用的功能，切忌只看到用户都没在用，就贸然放弃这个产品功能，可能并非功能有问题，而是实现的方法不够准确、不够好。

案例

在做嘟嘟美甲时，我们仅仅花了两周时间，就完成了第一个 MVP，可以说是真正能够给用户提供服务的版本。作为 O2O 服务，这意味着不仅可以在线预约，还能选择我们的上门美甲服务。

当时我们的经历是这样的。确定了我们的产品模型是手机预约、上门服务后，我们就把预期的产品功能都列在了白板上。暂且只说消费者端的产品，我们就应该有搜寻样式、下单预约、售后三个核心模块，而功能完整的情况是图 3-7 所示的样子。

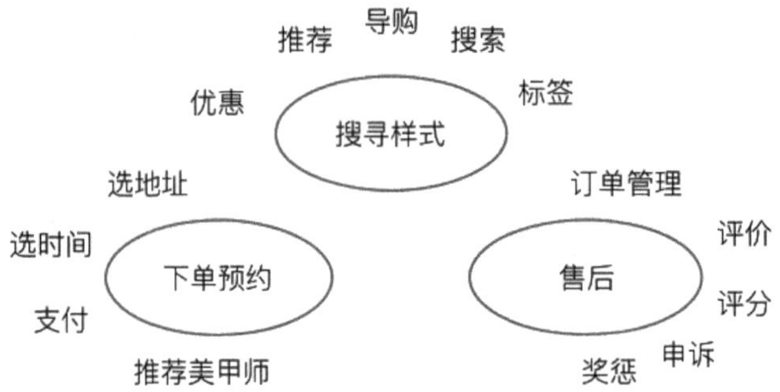

图 3-7　嘟嘟美甲消费者端的预期功能

优惠和导购是为了运营引流的，搜索和标签功能让用户更方便找到想做的样式，推荐提供给新来的用户，让他们产生兴趣。下单预约时，要有选择美甲师、地址和时间的步骤，然后线上支付。在售后的部分，要有订单管理，了解订单的状态并操作订单，还要有评价和评分的体系，要有申诉举报的途径，同时配套有奖惩的措施。

如果是作为 MVP，显然不能全部完成。而且当时我们基于市场的现状，决定在月内就要推出第一个版本。所以我们首先去掉几乎所有的导购、搜索和推荐的功能，在 MVP 中我们只提供默认的几十款样式。在下单预约时，我们也仅提供时间和地址的简单填写，美甲师由我们人工分配，而支付也干脆使用线下支付。售后整个模块都砍掉，全部由客服完成。

这样对于消费者端来说，就剩下了选择样式和下单的核心流程。下单功能做得十分简单，不考虑背后的库存逻辑，也就是任何时刻都可以向任何美甲师下任意样式，这样虽然当然不可控，但在我们前期单量极少的情况下，很多问题是可以通过客服解决的。

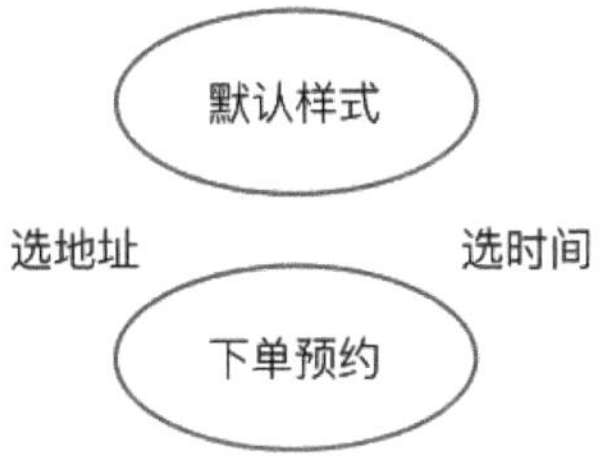

图 3-8　嘟嘟美甲消费端 MVP 中的功能

我们选择的消费者端是微信公众号，网页的开发速度相对较快，而且不需要审核，也不存在应用商店的要求，所以最终在两周后我们就把十分简易的版本上线了，并且找到了用户，启动了我们的第一单上门服务。这就是我们最简陋的 MVP。

在前几次上门服务的过程中，我和另外一位负责产品的同事轮流跟班，去跟用户聊天，关注他们对产品的看法。同时，我们做了一个实时监测的功能，可以知道目前有多少人正在关注我们主页面，多少人进入了下一步，多少人在下单途中跳出，多少人最后成功下单。对于那些中途终止的，我们会安排每天大量的电话访谈，询问情况。

经过这些调研、访谈和分析，我们逐步确定了后续要做的方向，找到了功能的优先级，逐步推出了更完善的功能，也修正了很多之前的问题。

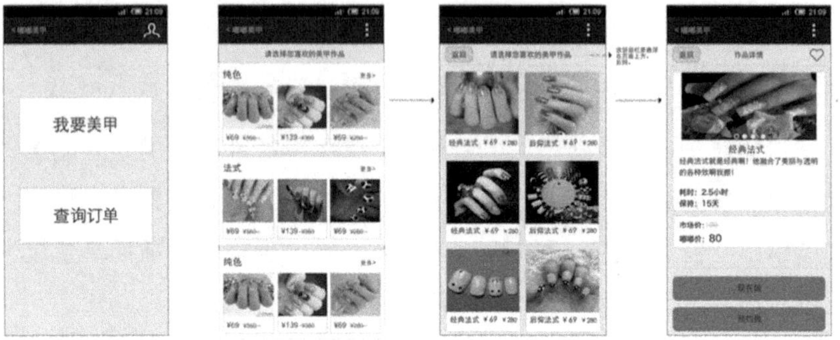

图 3-9　嘟嘟美甲 0.1 版本设计草稿（部分）

MVP 不是不做产品模型的借口

使用 MVP 是基于一个前提，核心的产品功能是需要检验的。这点没有问题，但也并不意味着另一个极端：产品功能是不需要做太多思考的。

有的产品经理是理论派，喜欢套用各种概念，并且对自己的设计能力有极高的信心。他们相信乔布斯曾经说过的一句话——“用户不知道自己想要什么，除非你摆到他面前”[①]，所以好的产品都应该是设计出来的。

有的产品经理则是实践派，认为产品经理应该是数据分析师和用户研究员，一切来源于用户，用户说什么对就代表着什么是对的。所有的产品功能都应该基于用户来源的信息，这样的产品才能确保是受欢迎的。

① 原文是：People don't know what they want until you show it to them.

MVP 看似实践派的方法，但实际上更像是二者结合。

我们要设计出一个足够好的可用产品，至少要在产品功能上做分析，要确定它的产品模型、核心功能。但并不意味着有足够自信就可以一蹴而就。我们大部分人并没有乔布斯那样强大的产品感，也没有他那样好的设计能力，许多时候要证明我们的产品有价值，有两个因素是必不可少的：在理论上成立，在实践中证明。

所以不要把 MVP 早晚要经过用户检验作为不认真思考产品逻辑的借口、不去设计产品模型的借口。雷军曾经说过一句很经典的话，不要用战术的勤奋来掩盖战略的懒惰，正是此意。

成长建议 Ⅲ

产品模型和对核心功能的设计像是指导思想，而 MVP 是实践的方法论。很多产品经理沉醉于自己设计的美好幻想中，或者想法变来变去，或者埋头设计出一套太过完整却不实际的方案，但就是不尽快迈出第一步，验证自己想法的对错。

MVP 很难一击必中，创业团队要在检验中判断产品功能有没有解决问题。如果及时发现问题，快速转向，也许生机就在别处；但如果太过留恋自己的设想，一直死磕一个方向，可能下场就不怎么好看了。

要点反思

- 大部分在等待功能完善、交互完美、界面出色才能一炮而红的产品，往往都没等到那一天。
- 产品初期做设计要多做减法。
- 初期把整体流程跑通时不用特别在意是不是用“互联网方式”。

第二部分

需求分析和功能设计

需求分析和功能设计是产品经理日常工作的主要内容。关于如何分析需求、做功能设计，在这些年产品经理这一职业的发展中涌现出了海量的方法论。这一部分就以需求分析、用户研究和用户体验这三块比较有代表性的工作为例，讲述做需求分析和功能设计时应有的思路。

第 4 章

深挖需求

If I had to ask customers what they want, they will tell me: a faster horse.

——Henry Ford[①]

产品经理不应只关心浮于表面的需要，而是要关心需求背后的真正诉求。阿尔伯塔大学的一门关于软件设计的课程中，用 Want（需要）和 Needs（需求）来区分这两者，前者是“希望在产品中看到的功能”而后者是“确定的具体问题，留待产品解决的问题”。

对于很多用户表面的要求，以及形式上我们“看似”要满足的需求，很多其实都值得商榷。对待这些需求，我们最需要做的是发掘更深处它们代表的是什么、真正的问题在哪里。

本章就以场景和人性本质两个维度来讨论如何深挖需求。

① 如果我问顾客他们想要什么，他们会告诉我：一匹更快的马。——亨利·福特

基于场景深挖需求

如果你谈需求时，想到的不是具体的画面、不是真实的某个用户、不是真正发生的什么事件，而是一道道公式、各种图形，甚至某个“前辈”的经典语录。那么只能说，你对这个需求的了解程度还是很浅的。

有些产品经理会认为并不需要考虑场景。他们认为一个功能就是单纯解决问题就可以了。例如电商产品可以买到商品就好，至于用户究竟是在地铁上买、在电脑桌前买、在旅途中买应该没有区别吧？如果这样想，就会错过用户真正的使用方法，也就错过了把功能做得更好的机会。

另外一个经常出现的问题就是，意识到了场景很重要，但自己总结出来的场景却跟真实的场景完全不一样。

当讨论需求的时候，我们讨论的究竟是什么？回想一下，我们讨论需求就是讨论如何解决问题，解决了问题也就满足了需求。我们会针对问题描述来设想如何解决。比如，我们要解决大家阅读新闻时信息太繁杂、找不到感兴趣内容的问题，那么做个性化推荐的阅读工具就是解决问题、满足需求。这是很直接的推断。

而我们讨论场景时讨论的本质是什么呢？我们讨论的会是很形象的一些描述。这里面包含了人物、时间、地点、环境及情节。我们要用场景来发现我们的用户是谁、他们会在什么情况下解决原有的问题、他们怎么解决这些问题的，等等。在这个时候设想方案，我们就会考虑更多因素，比如新闻的内容是不是跟用户的身份匹配？阅读的方式是不是在这样的时间地点足够恰当？图 4-1 中总结了二者的差别。

单纯讨论需求	考虑场景的需求
面向的是问题	面向的是人物、环境和事件
目的是解决问题	目的是检验解决方案
主要用常识和逻辑推断	主要用数据和实例支撑

图 4-1　考虑场景时讨论需求的不同

案例 1

不同的需求都是在特定场景下才需要满足，做产品时我们就应该考虑到需要服务怎样的场景。

有一位朋友之前做了一个提供境外美食信息的产品，可以理解为境外版的大众点评，主要目标用户群体是境外游的旅客。这个产品的定位其实还是很清晰的，就是解决餐馆的信息不对称的问题，境外游的旅客需要找餐馆就餐，就跟在国内的我们中午想找地方吃饭经常用大众点评一样。所以他们起初做的，就是仿照大众点评，提供了很多包含距离、口味、类别、价位、评分等属性的餐馆信息，以结构化数据的搜索和筛选作为主要功能。

但运营了一段时间发现用户的增长并不是很乐观，后来分析发现问题就出在场景上。首先看大家使用大众点评的场景。最常见的场景包括找附近有什么餐馆、找有特定条件的餐馆、找评价非常好的餐馆三种。而这三种场景会是交叉出现的。例如以下的场景。

中午不想做饭了，想找个地方吃饭，不想走太远。看看天气有点凉爽，所以想吃火锅。于是在这样的场景下，需求是找附近的火锅店，需要筛选的是距离和品类两个属性。

晚上约了朋友见面，想找个安静的西餐馆，位置最好在我们两个人中间。于是在这个场景下，需要筛选的是环境、位置和品类三个属性。

周末想吃日料，要找特别正宗的、大家评价够高的餐厅，同时不会特别在乎位置和价格。于是在这个场景下的需求就是发现大家的评分，以及大家留言里对日料餐馆的评论。筛选的是评分和评论两个属性。

从这些例子我们可以看出，大众点评提供的餐馆信息是完全覆盖了这些情景的。打开大众点评看到的也就是距离、品类、位置、评分等筛选项。

再看朋友的这款产品，当你出国在外旅游途中，想吃点什么的时候，你考虑的是什么？你会考虑距离、品类、位置、评分吗？很多人不会特别考虑距离，毕竟这么远的路都走了，所以并不会太在意几公里的距离。很多人可能也不会特别关心品类，因为在国外估计也分不太清当地有几个菜系、分别都是什么。有的人也不在意价格，他们会觉得既然都来国外玩了，吃得好才最主要。

那么用户在意的是什么呢？当然就是“有特色”或者“好吃”，而前者应该是更重要的。旅游的人想吃到当地有特色的菜品，即便平时很少吃甚至不爱吃的。在这样的场景下，产品最需要的是什么呢？那就是——推荐。只要告诉大家：来东京最正宗的日料是什么？有哪几家？哪些最热门、最有特色？到印度最正宗的咖喱、飞饼、炒面都在哪里？要点什么口味的最好？在意大利要怎么找到最好吃的千层面、提拉米苏和海鲜饭……除了这些别的都不重要。图 4-2 就是基于这种思路设计的概念图。

图 4-2　笔者为产品设计的概念图

当我们把场景描述清楚就会发现，需求的细节一目了然，虽然同是提供美食信息，但本质需求却完全不同。

案例 2

我们在生活中经常能发现这样的需求，比如有人想理发却懒得出门，于是想到要是有上门理发就好了。有人觉得这就是需求，可以用产品和服务来满足。可是仔细想一下，这个需求足以支撑一个好的产品吗？

将需求放到场景里讨论，你就会发现“上门理发”存在着各种各样的问题。对用户来说，上门理发的工具和设备要在家里摆放和使用会很麻烦，事后的各种清理工作要自己来完成，总的来说体验可能远不如到门店理发；对理发师来说，交通会存在成本，在上门过程中要携带各种设备器具也会特别头疼，等等。

这些问题如果放到场景里去想，用生活经验和逻辑推断就能得出这是伪需求的结论。很多天气类应用也会存在同样的问题。

天气类应用都有一个头疼的问题，那就是难以变现。原因是天气类的产品虽然流量高、需求大，但用户黏性极差，无法沉淀用户。可以说只有“流量”，没有“用户”。

比如有的产品为了尝试沉淀用户，想出了做社交的主意。社交似乎已经成了很多产品的救命稻草了，不管是什么产品都企图靠做社区绝处逢生，但结果往往都不尽如人意。这其实就是典型的浮于表面的需求，未必能解决实际问题。他们的方法就是在产品中加入“分享你当下的天气”功能，大致就是拍一张你现在所在地的天气照片分享给大家。如果整个产品功能运营起来，用户就可以随时看到任何地方的天气实况了，其中可能还有些风景。

乍一看似乎没什么问题——用户可以看到实况，的确比单纯的天气指数更具象。天气预报的颗粒度也未必会细到城市中的某些区域，而通过用户分享实况，就能知道城市里不同区域的真实天气，方便自己安排出行了。但是在用户真实的使用场景下，会发现这个功能跟核心功能很难产生关联。对于分享者来说，到底什么时候、为什么要拍张照片分享给大家，动机并不清晰。找不到比较强烈的动机，这个产品也就不能流转起来了。

这样的情况，我们可以称之为“弱需求”。在考虑和分析需求时，代入实际的场景，便能更准确地判断哪些需求是伪需求、是弱需求。

案例 3

早先的手机只能有一种模式，因为主要功能载体在硬件上，所以能做的也就是打电话发短信。而如今的手机已经能够通过软件承载更多复杂的功能，包括提供特定人群使用的功能。

老人在使用手机时会需要什么？可能需要大号的字体、更简单的交互方式，以及更简单的文案提醒。而智能手机提供的很多其他功能，对他们来说并没有意义。同样的，其他特定人群也各有需求。盲人使用手机时会需要什么？可能需要语音辅助提醒来完成各种交互操作。小孩子使用手机时会需要什么？可能需要的是一些内容上安全和保护的措施。如果是朋友或者陌生人要暂时用一下我的手机时会需要什么？可能需要提供访客模式，让敏感的信息和内容不被看到。

考虑不同人的使用场景，就可以分别做出老人机模式（如图 4-3 所示）、盲人辅助模式、儿童模式、访客模式。另外，对同一个人的不同使用场景，也可以发现很多新的衍生需求。比如同样是使用手机，在黑暗环境下可能需要有特殊显示设置的护眼模式，在开会时可能需要快捷的静音模式，在睡觉和休息时可能需要拒接电话的勿扰模式，等等。

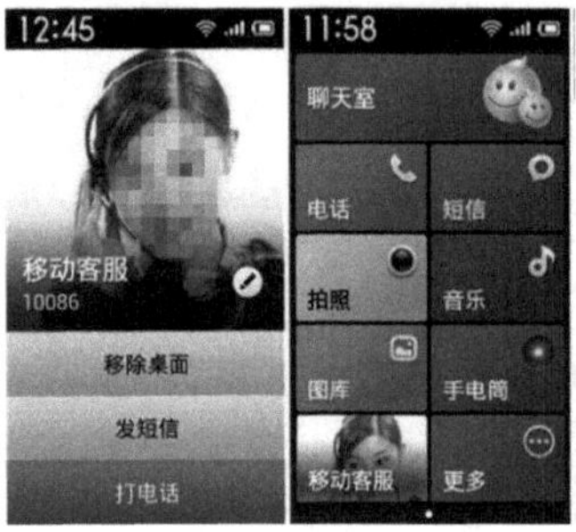

图 4-3　红米的老人机模式（来源：小米官方论坛）

腾讯阅读的一位产品经理曾经写过他们做离线阅读时的思路。他们对需求的定义是：在某些情况下，用户是需要离线阅读的。他们发现在大多数情况下，上班族在临近上下班要出门时才想到要在坐地铁或者公交车时看点新闻，再打开离线下载。

在这种情况下，用户希望的是尽快下载好。说明这时就不要考虑阅读体验了，很多图片、视频信息都可以略过。所以他们最终的产品形态就是：离线下载只缓存纯文字，能保证下载一般在 3~5 分钟就可以完成。

从以上这些例子中我们能体会到，凭借真实场景，我们能够对需求有更精准的判断，也就能做出更完善的功能。

从人性本质深挖需求

说起关于人性，对很多产品经理来说，听起来有点扑朔迷离，讲起来也不算很落地，觉得像是鸡汤没有营养还不好喝。不落地是真的，但人性却是跟需求息息相关的。既然是人在用我们的产品，那么人的七情六欲、贪嗔痴、善恶是非观，就都跟产品有各种纠葛。

人性是人的本性、人的感情和理智，是我们要发掘出来的需求的根本源头。它们的存在创造了需求的场景。如果我们能把握好用户在人性上的弱点，或者说在人性上存在的缺憾，那么产品就能一击即中。

在我刚刚入行时，只是零散地接触到一些在产品上关于人性的讨论，对其一知半解。后来在跟 leader 级别的产品专家或者产品总监聊天时，大家就经常提到这方面的想法。他们关注的高度，让我逐步意识到这种做法的意义：它们能抓住需求的核心，而不只是停留在需求的表层。

对于不同的产品经理，看问题的角度会有所不同，而具体是从需求表层出发，还是从需求根本出发，那是看问题的层次不同。从人性角度去看问题，是更高的一种视角，能够知道表层需求的背后，反映出的人性需求。

比如有人说要减肥，我们就以为只是减肥就好了，提供了特别有效的一种减肥操，但是这个操很难看。如果你知道其实来减肥的人都是对自己形象有要求的人，那么就会知道这样的方式满足了表面需求，但破坏了底层需求。

用户反馈	我想赶快减肥
表层需求	需要一个能快速减肥的服务或者产品
深层需求	要成为一个体态优美的人
人性需求	虚荣心、得到尊重和欣赏

图 4-4　想减肥的人需求的几个层次

再比如对于很懒的人，或者宅男、宅女，他们的需求也可以在很多环节优化。我们是可以从人性需求层面去完善我们对需求的理解的。

用户反馈	我想从超市订东西送货上门
表层需求	需要一个能送超市商品上门的平台或者服务
深层需求	要快捷、便利地买到生活用品
人性需求	懒惰、不喜欢外出

图 4-5　商超品类送货上门需求的几个层次

逐利心理

如果产品模型本身就能带来红利，那么就可以满足用户逐利的需求。

互联网技术带来的核心优势，就在于通过信息的流通、结构化等特征，提升原来的效率，达到降低成本的效果。所以如果能够真的在某些方面产生红利，那就可以满足用户在逐利方面的人性需求。

最初的团购形态，就是将消费者们联合起来，增强与商家谈判的能力，以此获得更优惠的价格。这种产品模型就提供给了用户可以花更少的钱来买到同样商品或服务的途径。

很多金融产品就更加直接了，目的单纯：为了让用户拿钱生钱。前几年兴起的“遍地丛生”又“尸横遍野”的 P2P 项目，都是看中了这个“饥不择食”的市场。

对于要挖掘逐利人性需求的产品，就要保证用户真的可以在产品上得到实惠，或者赚到钱。如果获得的实惠和利益，不能中和他们的付出，那么用户自然就不会留下。

要提醒的是，很多产品会把逐利的人性运用在营销之上，但错把这个当成了产品的特性，以为产品本身也能满足大家逐利的本能。但实际上，用户往往都只是被前期足够丰厚的补贴吸引而来。等补贴降下来，产品的价值露出水面，用户发现跟补贴相比，这点收益根本不算什么，最后不会愿意留下来。

望京 SOHO 附近有个著名的扫码一条街，我跟同事戏称它叫做“大中华 O2O 集散中心”，绵延百米有余，每天都熙熙攘攘。成批的互联网创业团队在那里做运营活动，只要扫码就送各种东西，除了柴米油盐、移动电源外，甚至还有直接送现金的。这么不分场合、不区分目标用户、不体现产品价值，只能拉动注册量的活动下，你觉得用户可以沉淀下来吗？他们不把精力和财力用在琢磨产品功能、实现价值上，而是都挤在这里烧钱，想想都觉得荒诞。

两性吸引力

用合法合规的方式满足正常人都会有的色欲，也是很多产品在做的尝试。其实从广义上来说，色欲就是正常的两性关系的前置条件。

陌陌成名是因为“约炮软件”的这个别称，即便是在目前已经是体量庞大、成为仅次于微信的第二大即时通信工具，也仍然无法完全摆脱这个有些负面的称谓。这种说法自然太夸张，但对于陌生人来说，要把握的最重要的需求，还是两性社交。陌陌用户主要是一些年轻人，他们都还没有成家立业，但有迫切想交友的欲望。他们的使用场景往往是自己单身而且身边没有朋友（比如到异地上大学、到异地工作），很需要有人聊天。在这样的场景下，当然更愿意跟异性接触和交流。

在产品模型中，场景决定了陌陌就是为两性社交服务的，而在两性社交中，女性又是比较被动的一方，所以女性就是陌陌最需要关注的用户。产品的策略也要更加偏重保护女性、倾向于女性，要让平台上的女性看起来更有吸引力。

最近异常火爆的直播平台，则是把女性吸引力做到极致的一种尝试。各个频道的女生都用尽浑身解数，让观众满意，得到他们真金白银的支持。从摆各种姿势、做各种表情、说各种挑逗的话语，到在镜头面前唱歌、跳舞、画画，甚至做家务、写代码，什么样的都有，也让喜欢不同女生的观众总能找到自己的“白菜”。

图 4-6　某直播平台的姑娘在直播写代码

懒惰

在很多情况下，互联网服务的确提高了效率，降低了成本。对于用户来说，会体验到越来越多方便和快捷，也满足了更多用户比较懒、不爱动、不爱思考的天性。

占 O2O 中最大一块的一类服务就是上门服务。对于上门服务来说，最重要的就是让用户体验到更加方便的功能。这些服务原本由于信息的不通畅、流程的不标准，很难成规模。在互联网改造后用户可以快捷下单，商家或者服务提供者能够快速处理订单并提供服务，并且在服务过程中可以方便地通过信息化的方式管控整体流程。

另外，由于更多个性化技术、推荐技术的发展，很多信息流服务、阅读产品也都有了很好的成绩。2012 年创建的今日头条，到 2016 年已经有累计 4.7 亿用户和上亿的月活。它跟其他新闻阅读工具在提供的内容方面几乎没有区别。但它能很好地区分新闻和文章的类别、特征，并且能很好地判断用户的阅读习惯，推荐给用户最合适的文章。在今日头条首页，可以看到上方提醒有提到“今日头条推荐引擎”，如图 4-7 所示。

图 4-7　今日头条的首页

从最初想发现什么感兴趣的新闻都要自己搜索、查找，到现在可以看系统为自己自动发掘出来的新闻，就是满足了我们需要更快地获取信息和服务的需求。

虚荣心

虚荣心是最容易利用的一种人性：当你在逐利或者贪色的时候，你心里是清楚的。但追求虚荣的时候，往往都是不自知的。

史玉柱通过脑白金广告让全国人民记住他的名字之后，又颠覆了网游行业。在《征途》之前，网游一般是点卡模式，就是按时间计费，不管你是什么样的玩家，统一收费。而《征途》的做法完全不同，可以免费玩，但要在游戏里快速成长、获得成就感，就需要花钱。最后的结果就是，游戏很好地分离了两类玩家，一类是人民币玩家，他们满足了自己的虚荣心，另一类是免费玩家，他们没花钱但也可以享受娱乐。这整个游戏的机制很值得大家去了解和研读，对人性的把控在游戏界都是顶尖的。

只要能够在别人面前显得自己在某些方面优秀，就都是能满足虚荣心的。各种社交产品兴起，前置摄像头变得越来越清晰，给了很多女生随时发自拍分享给身边朋友的机会。而美图秀秀使这些女生能够通过修图让自己更漂亮来满足虚荣心。

腾讯 QQ 之前做的点亮图标也是一样的道理。你的图标被点亮，所有的好友就都可以看到，你不点亮就是一个灰色的形态。如果有会员，你的名字会变红，或者头像旁边有各种闪亮的钻石。相较不多的会员费，这样满足虚荣心，对很多人来说还算是物超所值。

共情需要

共情，英文是 Empathy，也可以翻译成同理心。原本是指设身处地思考，并且感同身受的一种能力。在这里，我想借用这个词表达一个人性上的需求，即我们希望体会他人的生活和感受的需求。

从近几年真人秀的崛起，我们就能看出大家对明星包装过的舞台演绎、影视节目都不感兴趣了，反而希望看到更真实的他们，以及他们的日常生活。这些片段越接近观众自己的生活，就越能引起共鸣、越受欢迎。这就是大家对共情的需要，希望可以看到明星真实的生活状态，产生很强的代入感。

在互联网产品中最能体现这个需求的就是上文提到的直播平台。有的直播平台主打游戏，有的直播平台主打美女。而在每个平台上，已经渐渐出现了很多关于日常生活的直播。尤其是移动平台上的直播，其实已经在主打直播生活片段，看其他人吃饭、喝酒、逛街等。

大家在看这样的直播的时候，往往不是想获得很具体的知识、价值，也不是要得到什么快感和刺激，更多的就是想在别人的直播里体验另一种生活。

社交货币

人是社会动物，社交也是很基础的属性。加强沟通的效率、增多沟通渠道、丰富沟通的方式是互联网时代很容易完成的任务。微信就是在这条路上的尝试。在很多年前，一条消息的传递非常麻烦，方式也很单一，尤其是多人交流简直是无法完成的事情。微信很好地满足了社交中的沟通需求。

单纯的沟通是基础，有效地建立起社群，或者说满足某些用户的归属感是更高一层的要求。大多数的社区产品就是基于这个基本逻辑出现的。所以社区的特色要足够鲜明，在这里的人很容易找到归属感。豆瓣是文艺青年的聚集处，果壳是理工男、理工女的家园，这是很基础的壁垒。百度贴吧则是更进一步，任何主题、人、事物的爱好者都能找到同类，快速地产生联系。

另外一种满足社交方面的需求，比较难解释，可以用《疯传》里提到的一个概念来阐述，即社交货币。我们在社交中都要拿出一些独特的，能代表自己的品位、形象，以及社交价值的证明。比如说我读了一本很高端的有特色的书，或者去过一家特别的饭店，这些都是社交货币；包括很多能言善辩、能说会道的人，他们口中的谈资，也是社交货币。

那么在互联网产品中社交货币是什么呢？答案就是产品传递出的“价值观”。我不止一次见到有朋友使用锤子手机，有的人是为了证明他是老罗的粉丝，有的人是为了证明他是设计和艺术方面是有品位的。这种脱离了产品本身功能上的效果，上升到了在对产品传递价值观的认同。

安全感

安全感是马斯洛需求层次中很底层的一部分。在使用任何产品的时候，我们都会特别在意安全问题。有的互联网产品就是直接解决用户的安全需求，或者把安全作为核心的亮点来吸引用户的。

从 PC 时代的 360 安全卫士，到手机时代的各种管家、助手和卫士，都是让用户免除后顾之忧的产品。对于这些产品来说，核心的需求就是确保用户的电脑、手机不出问题，保证他们的安全感。

Telegram Messenger 是国外的一款很知名的即时通信软件。除了界面简洁好用之外，核心的定位就是满足用户对隐私安全的需求。这个软件保证绝对的信息安全，隐私的内容不会被泄露。仅仅花了 16 个月时间，他们的用户量就从 0 变成了 5000 万人。最新的消息称，Telegram Messenger（如图 4-8 所示）的月活也已过亿，足以证明大家对个人隐私的关注。

图 4-8　Telegram 以安全、快捷和简洁著称

成长建议Ⅳ

硅谷钢铁侠马斯克曾经提到第一原理，认为这应该是指导我们思考问题的思路。他说："我们运用'第一原理思维'而不是'比较思维'去思考问题是非常重要的。我们在生活中总是倾向于比较——别人已经做过了或者正在做这件事情，我们也去做。这样的结果是只能产生细小的迭代发展。"

思考需求也是如此。我们要理解需求的本质到底是什么，然后去满足这个本质，而不是用形式上的花样和心理上的充实感作为衡量需求的标准。只有解决了问题的本质，产品的价值才能最大化。

要点反思

- 区分用户表达的究竟是诉求，还是具体的方案。
- 不断假想自己是用户，以及真正到用户场景下体验都是发掘需求本质的好方法。

第 5 章

用户研究

Know thyself.[1]

用户研究的目的是理解用户，是一系列方法的笼统概称。凡是能够协助我们理解用户并以研究得到的结论，指导我们设计产品和优化产品的方法和工具都可以算作用户研究的范畴。

用户研究是个很大的课题，可能会在规模略大的公司才出现，但对产品经理来说，从做第一个版本的产品开始，其实就要开展用户研究的工作了，获取一些用户相关的数据和信息，才能做进一步需求分析和产品设计。我们在第 3 章里提到的找用户痛点的方法，也可以算是用户研究的范畴。

在一些相对成熟的公司会有专职的用户研究人员，以及独立的用户研究部门，他们并不关注产品功能而只关注用户。他们通过许多在传统行业已经比较成型的用户研究方法，发掘用户的需求，研究用户的行为，评估用户的满意度等。作为同样归于产品序列的岗位，用户研究员一般跟产品经理还是泾渭分明的。

---

① 古希腊谚语：认识你自己。

对于中小团队来说，一般都不会给配备专职的用户研究人员，所以很多用户研究的工作都是分摊到团队。产品经理当然在其中要做更多的用研工作。

用户研究的目的是得到用户的各方面情况，是一次获取信息的行为。而指导这个行为的是明确的目标。没有目标，只是觉得“最近好像要做些用户访谈”是没有意义的。

用户研究的结果也不能提供很直接的解决方案，绝大多数只是提供“情报”，从获取的方法看包含有两类，一类是用户的行为、状态，另一类是用户表达的观点和思想。从情报本身的特征看也有两类，一类是定性的结论，另一类是定量的结论。

常见的用户研究分类方法就是依据定性/定量和行为/观点这样的二维矩阵划分。在图 5-1 中，可以看到在互联网产品中较为常见的一些用户研究方法。

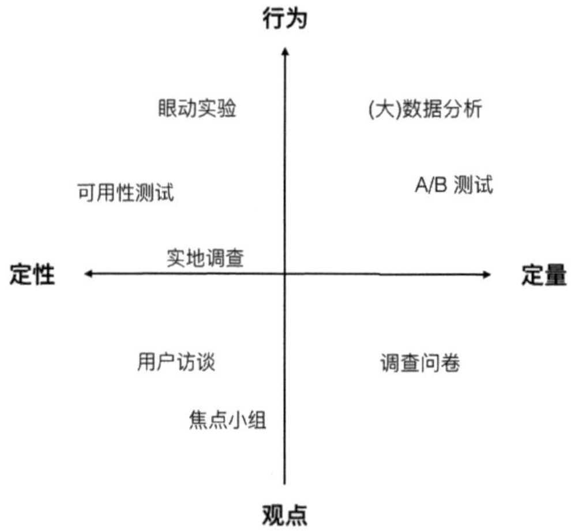

图 5-1　常见的用户研究方法分类

在尝试接触用户、了解用户后，先不要着急去做用户研究。有的产品经理会在潜意识里认为，用户研究就是用户调研，而用户调研就是发调查问卷。笔者真的见过有的团队说起用户研究来，就是到某个在线问卷制作平台随便整理几套题目，然后散发出去，拿到了并没有多少人填的问卷结果，就认为是产品设计的重要指导了。

正如笔者刚刚所说，在做调研之前，要先判断自己要了解用户的什么，哪种方式是最好的，选择最正确的方法后再去做。希望读者看完下面笔者对不同方式的解读后，能够有自己的判断。

问卷调查

问卷调查是最老生常谈的用研方法了，也是看似最简单的方法。首先，成本很低。一方面是几乎不用花钱，也不必动用其他的资源，而制作、发放和填写问卷全都可以在线完成；另一方面是相比其他的方法，这个耗费的时间精力似乎也并不多，拟定问题不需要太高的门槛。

不过好的调查问卷恰似好的产品。作为产品经理，能做出产品来并不能证明其能力，毕竟再烂的方案也有实现的可能。作为问卷设计者来说，能做出问卷并不能证明问卷就是好的，毕竟再烂的问卷也是可以用来填写的。

在过去做产品的经历中，笔者对问卷的结果始终是慎之又慎。设计得当的问卷可以提供给我们很多有价值的参考，但设计有缺陷的问卷的结论，可能引导我们走向完全错误的结果。

有一位朋友在做情趣行业的互联网产品，他们想进行一次简单的问卷调查，看自己用户里的男女比例如何。最终统计结果显示几乎没有女性，这让大家都大吃一惊。后来，用其他的方式（比如电话回访、社交账号确认等）拿到的数据却显示，女性用户虽然比男性少，但基数并不小。结果真相大白——很多女性用户在填写问卷时，会羞于选择正确答案。

那么到底如何进行一次相对合理的问卷调查呢？下面提供一些技巧参考。

- 确保问卷能够达到目的

有的需求问卷可以满足，但很多需求问卷却难以满足。比如收集客观的信息、让用户填写个人的情况都是可以的，或者想了解用户对产品的满意程度、对某些功能的使用方法也是没问题的。但要获取用户的更多主观信息，要系统、深入地理解用户，只靠问卷是不够的。

探讨的话题越深入，越需要有更多的交流。问卷显然满足不了这方面的需求。如果需要判断“最近用户为什么不喜欢在晚上使用我们的产品了”，那么“以用户行为数据分析”配合“用户访谈”是更佳的方式。

- 问卷问题的设计合理

在问卷设计中，有几条原则要遵循。

切忌问题具有引导性。比如“你会认为黄色比红色好看吗？”就不如“你认为黄色好看，还是红色好看？”更合适。

切忌问题中有含糊不清的内容。比如“你觉得这个功能好用吗？”这样的问题根本让用户搞不清楚什么算好用。可以说“你觉得这个功能解决了你 XXX 的问题吗？”

对于涉及敏感话题的问题要特别注意。一方面要避免会引起填写者不满（某些特殊风俗和价值观），另一方面要避免涉及个人隐私（如“你有过外遇吗？”这样的问题）。有一种巧妙的办法是，可以考虑转移主体，比如原本要问“你认为外遇是可以接受的吗？”可以换成“对于外遇来说，有的人认为可以接受，有的人认为不可以接受，你更倾向于哪种看法？”这种问法。

尽量少用问答题，让用户减少思考。“还有什么想提的建议吗？”这种是可以的，但如果每一条都是“你觉得我们用什么主题颜色好看？”“你觉得这个功能怎么样才好？”那就变成让用户设计方案了。

选择题的选项确保可靠。尽量保证这些选项是填写者通常会选的。有种好的检验方法就是加入“其他”选项后，如果大部分人都选了很多“其他”，那就说明选项设置得很不合理。

切忌问题过多。太多的问题会让填写者没有耐心，很快就会瞎填了。

重要的问题可以交叉验证。对于许多相对重要、担心出差错的问题，可以用多个角度询问的方式做交叉验证，反复确认用户回答的准确性。

- 样本的把控

要从两个角度去把控样本的合理性。

一是发放渠道的合理性。在发放问卷给用户时，也要关注渠道是怎样的，尽量触及每一类用户。比如，我们在做物流产品时，发放的问卷除了在线版本外，还有纸质版本，因为大量的配送员其实对手机填写问卷并不娴熟。另外，我们还安排客服进行了电话问卷调查，也就是由客服问问题，代为填写问卷，对于某些问题，客服会视情况进行追问和确认，这样得到的结果会更加合理。

二是在问卷中确认填写者的必要信息。我们应该能看到很多问卷都会有填写或选择很多个人信息的部分，这些信息的意义在于，当我们统计结束后能够根据这些信息判断结果的准确性和合理性（比如男女比例明显不合逻辑），以及根据填写者在用户群体中的重要程度，关联到样本反映出信息的重要程度——对于一些个人信息明显不是目标用户的问卷结果可以直接丢弃。

1936 年美国大选民调已经成为抽样调查的经典案例。《Literary Digest》杂志向上千万人寄出了明信片，并收到了 230 万人的电话回复。整个样本量不可谓不大，但最后这次关于大选的民调却是一败涂地。究其原因简单得可笑——有电话的人都是有钱人，这些样本无法代表全体。

用户访谈

在讨论问卷调查时我们提到，要深入了解用户，只做问卷调查是不够的。而用户访谈则是可以定向深入了解某个问题的方法。

用户访谈有很多形式，比如单人访谈、多人访谈、焦点小组等。目的也分多种，大致而言，可以说成是了解用户群体、了解用户的需求、了解用户对产品功能的意见和探讨某个特殊主题。很多时候，目的是有多重的。

跟问卷调查类似，用户访谈要解决的同样是确认目的、设计问答、把控样本这三个问题。

- 确认访谈的目的

访谈可以达到的目的，主要集中在用户愿意表达的观点、想法上。用访谈的形式很难做到量化（要做大规模的访谈耗时耗力），但可以做到比较深入、比较具体。所以，在遇到诸如“我想知道我的用户是什么样的人”、“我想知道我的用户到底对这个问题怎么想”这样的困惑时组织几次访谈，效果会比较显著。

- 访谈的过程

任何有效的访谈都需要有所准备。针对要达成的目的，在事前应当有提问大纲，跟问卷类似，但可以设置更多问答题。

跟问卷不同的是，大纲是用来参考的，未必要完全按结构化的流程操作。访谈的关键在于主持人对访谈过程的把控。

在访谈过程中，有以下几点建议：

主持人应先做自我介绍，并说明访谈的目的和注意事项，活跃气氛。

如果是多人访谈或者焦点小组，可以让大家轮流做自我介绍。

对被访谈者的回答方式敏感，比如“还可以”和“特别好”在回答中都可以算是肯定回答，但意义显然不同。

访谈中，表达出的浅层次观点主持人要发掘出真实的意图。这是很重要的环节，如果沟通不深入，访谈也就没意义了。“我觉得你们一定要做 XX 功能”这并不是有价值的观点，而其背后真实的需求、造成困扰的原因，才是在访谈时要发掘出来的。

对于关键的观点，要重复确认。比如获得一个观点后，可以问“你刚才说到 XX，你是想表达 XX，这个没错吧？”

掌握好节奏，不要纠结于同一个问题，也不要让话题太过分散。

焦点小组没有拿出来特别讲，是因为它不仅对主持人要求很高，对参加小组的人来说要求也很高。除非是对主持类似访谈和讨论会的能力非常有自信，并且确定参会的都是很有热情的优质用户，否则不应该轻易尝试。不然，讨论会很可能就变成比较能讲话的人的个人表演，或者针对某个有意思但未必有价值的话题的集体聊天了。

- 样本的把控

为获得访谈用户，要事先对自己产品的目标用户有大致分析和理解，最好按照用户群划分，去寻找对应的代表。访谈过后，再根据访谈中询问到的信息判断，是不是跟拟定计划中代表的用户群相符。比如图 5-2 就是一种可能的邀请计划。

	男	女
16-20	2	1
21-25	4	2
26-30	2	1

图 5-2　一种按用户群划分的邀请计划

邀请访谈用户时，最好是找比较有热情、原本就有心提供帮助的用户，其次就是给一些实际利益（奖品或者现金）。尽量避免邀请到不热心也不诚恳的访谈对象，比如那种在大街上走着，却突然被你拉到办公室里，莫名其妙被你问了一通的人，这样的人不可能给你很有价值的信息的。

可用性测试

相比问卷调研和用户访谈，可用性测试（Usability Test）要利用产品实体。可用性测试是将已完成的产品 Demo 或者简易版的可用版本（比如 MVP）让目标用户体验。整个过程的重点是需要对用户的使用过程进行观察，并且对用户的使用体验有所了解。

跟我们之前提到的“可行性评审”是要保障设计的方案是可以实现的，类似可用性测试是为了保障实现的产品是可以使用的。所以要把握好做可用性测试的时机和内容。

在时间上来说，可用性测试应当是在最简易的可用版本实现后、正式版本上线前，有可以修整的余地。不然，即使发现问题版本仍然还是要上线，那么可用性测试就没有意义了，还不如直接上线。

从内容上说，可用性测试关注的是用户对产品的整体使用过程中出现的各种问题。包括但不限于是不是真正能解决他们的问题，使用中是否有困惑不解、反感抱怨，以及从表情和行为中流露出的其他负面情绪。

对我而言，可用性测试未必都要像流程健全的公司中按照标准形式来完成（甚至于专业的可用性测试要使用带有单面玻璃的观察室）。现在的移动互联网产品不需要复杂流程，也不需要很高的学习成本，对于可用性测试完全可以在更为轻松的环境下完成。约一些朋友（当然要是目标用户）在咖啡馆或者餐厅，直接把手机上的产品拿给他们试用，同样可以观察到很多有价值的信息。

像图 5-3 中这样的观察室会让接受测试的用户感觉不适，因此未必能了解到真实场景下用户的反馈。

图 5-3　一个专业的行为观察室（来源：网络）

在图 5-1 中还提到了“眼动实验”，类似可用性测试，方法是通过观察用户在使用产品时眼睛关注的情况。这在 Web 时代较为常见，但在移动互联网产品中，内容的展示非常集中，用户很少会像浏览网页一样无视大部分内容，因此相对而言眼动实验的意义就变得没那么重要了。

数据分析

“好的产品经理要对数据敏感”，这是我从业几年来最重要的体会之一。运营人员会关心很多数据，比如用户多不多、活跃不活跃等。产品经理则要关心用户在产品上的行为。

我经常跟朋友讨论说，现在产品经理并没有很多检验方法，能够对需求分析的正确与否、方案设计的合理与否做验证。技术人员可以直接看到代码实现的结果，运营人员也能够看到活动和方案执行的效果。但产品投入市场后，如果不关心数据，那么就会石沉大海。只知道有多少用户，但是这些用户到底喜不喜欢这个功能，有多少用户会在使用中遇到问题等，我们都不清楚。

用户的行为数据，以及相关的很多反映用户情况的数据都是产品经理对自己前期工作最重要的验证手段。我见过很多产品经理只关心自己是不是在做事，但却从来不关心自己做得对不对，这样坑越挖越大，到后来发现产品已经满目疮痍就为时已晚了。

对于用户数据，不同产品类型的关注点也不同。普遍要关注的数据大概有以下几个。

- 启动次数

启动次数直接反映了用户黏性。可以根据不同情况按每日、每周及每月来计算启动次数，看是不是跟预期一致。产品的特性决定了启动次数的合理范围，所以具体数字并没有标准答案。

- 启动时间及持续时长

启动时间及持续时长可以结合启动次数来了解用户的使用场景。比如作为一个内容产品，发现用户都是早上和深夜会打开十几分钟阅读，说明用户把这个当做睡前和睡醒后的读物，这样的情况是不是符合原来的预期、是不是要提供更相符的内容，就是产品经理要思考的问题了。

- 事件完成情况

针对一项包含多步操作的功能，比如注册、登录或者下单，可以定义为事件并观察事件的完成情况，包括完成率及在每一步的跳出率。

定义事件漏斗是常见的分析功能优劣程度的方法，通过查看事件在大规模用户量上的完成情况，可以知道这个功能的问题主要出在哪里。对关键步骤的优化，效果就最明显。图 5-4 就是一个常见的电商平台下单的事件漏斗。

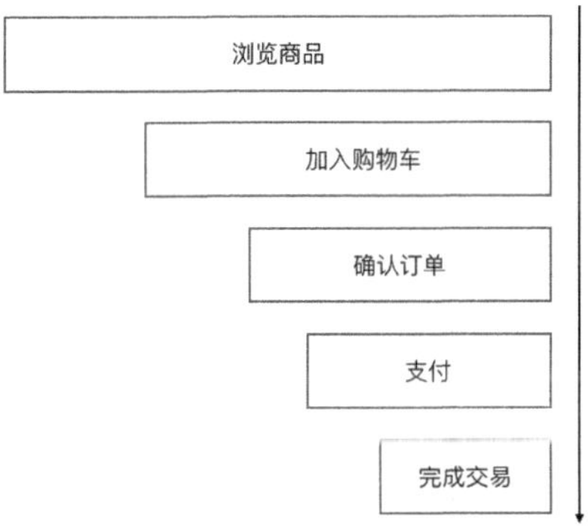

图 5-4　事件漏斗示例

- 使用出错情况

除了使用的 BUG（程序报错）外，在用户正常使用时，也会有些使用出错的情况，比如某些信息没有填写完整就点击了提交。这些出错的情况一般意味着产品的提示和流程不够友好，也是可以优化的点。

- 用户活跃情况

用户活跃情况包含有多个指标，包括活跃用户数量（日活、7 日活、月活等）、用户留存率（次日、7 日、月留存等）、用户的付费意愿（付费转化率及 ARPU），以及他们的增量情况。这些是整体上反映用户是否喜欢产品、认可产品的数据。

Facebook 曾经提出过一个著名的 40-20-10 法则可供参考，即如果你想让应用的日活跃用户量超过 100 万人，那么日留存率应该大于 40%，周留存率应该大于 20%，月留存率应该大于 10%。

当然，具体是否达到预期都要根据自己产品的特性去判断。

- 用户属性

大部分没有账号体系或者用户没有完善资料意愿的产品，对用户属性确实难以掌控。但仍然可以从一些可获得的数据中，窥见用户的组成。比如使用的设备是 iOS 还是 Android，使用产品时的网络环境是 Wi-Fi 为主还是 2G/3G/4G，使用产品的地区、下载应用的渠道来源，等等。

除了常见的数据之外，还有很多数据是在产品中至关重要的，比如电商产品，关于订单相关的数据，可能比用户行为数据更能反映问题。这就需要产品经理做一些工作，研究清楚自己的目的，然后配合技术的同事把这些数据拿到。

还有一种特殊的数据分析方法，就是 A/B 测试。这种方法比较适用于有少数几个可选方案很难确定的时候，通过用户的真实行为来观察哪种会更有效。但适用范围比较窄，不能提供产品设计的思路或者用户研究方面更多的信息。

对于 A/B 测试，大家应当比较熟悉了，这里不再展开讲。在“找到痛点”一节中提到了一些方法，是从验证痛点的角度探讨的，本节则是从日常调研的角度来探讨，可以对比参考。

- 实地考察

在很多学科里，田野调查都是至关重要的信息获取途径。对产品经理来说也是如此，设计产品首先要离用户足够近。

我清晰地记得锤子科技最早的产品经理招聘要求里，有一条是“可以随时切换为小白用户”。不同的产品面向的用户群千差万别，很多都跟产品经理所在的群体有所区别。如果自己不能成为用户，至少也要能够假装自己是用户、从用户的角度去考虑问题。而要达到能够成为用户或者假装成为用户最好的途径就是尽可能地接近用户。

如果你做的是二次元的产品，却从来没有接触过二次元的人群，只是在网上搜集过资料，逛过二次元的社区，那么你是不可能做出好的产品。同理，如果你是外卖平台，但很少跟商家和消费者沟通，只是在办公室里苦思冥想用户体验，这也是没有用的。

因为参与过很多项目，通过不断地亲自体验产品、不断地接触真实用户，的确使我少走了很多弯路。做手机操作系统时，我们会把自己设计的产品作为日常主力使用，经常能遇到真正场景下很多使用不顺畅的地方（比如原本的静音功能会忘记关闭，由此设计出了定时静音的功能），这在定向的测试和产品讨论中未必能遇到。做美甲产品时，如果没有真正体验过美甲师上门给我们服务的实际流程，那么就不会意识到用户更关注的到底是速度、便捷、美甲质量还是服务体验。做配送产品时，如果不亲自骑电动车去送餐，也体会不到在嘈杂、混乱的环境中，处理订单会遇到的问题。

不管有什么借口，我觉得产品经理都不应该永远坐在办公室里做设计，一定要走出门去。这是理解用户的终极方法。

用户研究的结论

此处再简单探讨一下用户研究要输出的东西。在本章一开始就说过，用户研究的具体方法要根据目的出发设定，结论也是如此，要看最后以怎样的方式呈现能够更好地服务于我们。

我们可以将用户研究分为定量和定性两种。

定性的结论输出的一般是有价值的观点。比如，用户画像就是一种很有意义的定性结论，即“我们判断用户是这样的人”，可以对用户做一个全方位的判断，附加一些多维度的属性。图 5-5 所示就是我们在调查用户大致分类时做的用户画像，我们对三类主要人群中的代表进行了描述，这样就可以针对他们的不同状况来调整我们的产品策略。

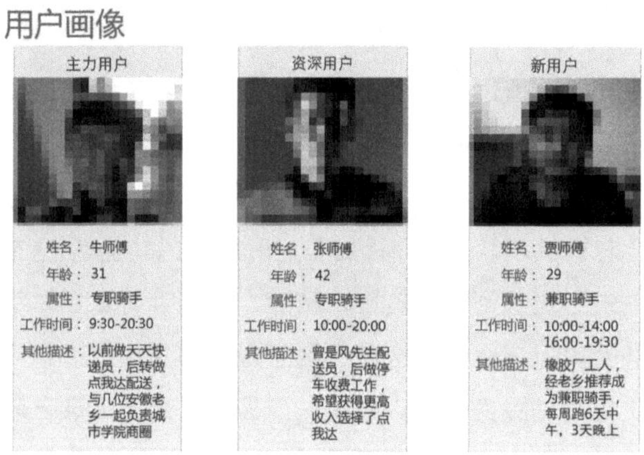

图 5-5　三类主要用户群的代表画像

再比如，访谈之后生成的纪要，有价值的观点可能是“用户对功能 A 的困惑较大，原因是 XX”，或者“用户觉得我们没有解决好他们的问题，原因是 XX”。特别提到“有价值”是因为我们在用户研究过程中会有大量的无用信息，看似是得到了很多新的反馈，但其实对产品无益，也就没必要加入到结论中。

定量的结论输出的则是对数据的分析结果，重点在于怎样客观合理地统计和展现数据。方式比较多样但都很基础，这里不再赘述。值得一提的是，在数据统计中会有一些陷阱，例如用户点击率低未必是功能做得差，有可能是许多小屏手机看不到那个按钮导致的。

案例

在 2016 年初，在“点我达”骑手端我们上线了重要的新功能，该功能提醒骑手附近的订单热力状况，方便骑手判断接下来去哪里接单。这个功能对产品、运营和业务来说都非常重要，因此我和负责用研的同事做了一次定向分析。

我们选定的是当时业务开展的城市中订单量最高的五个，从这五个城市中随机抽取骑手。同时为了了解到新老骑手的使用状况，我们参照了全体骑手中新老骑手的大致比例，在抽取骑手时保持了相同的比例。

对随机抽取出的这些骑手，我们跟客服部门的同事协作完成了电话访问，收集了 150 份有效数据。这些数据的分析结果主要包括了以下几个方面。

第一，订单热力功能的到达情况。到达情况没有符合我们预期，说明我们在提醒和引导方面做得还不够好，有的用户即使更新了新版本，居然都不知道我们增加了重要功能。如图 5-6 所示。

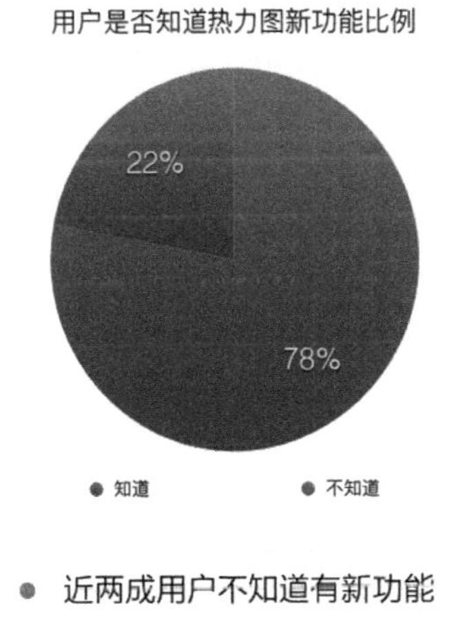

图 5-6　用户到达情况

第二，用户订单热力功能的使用情况。这是我们最关心的统计结果。结果显示有近三成的用户没有用过，还有三成的用户使用后没有经常重复使用。这说明至少一半的用户并没有对订单热力功能产生兴趣，或者得到实际帮助。如图 5-7 所示。

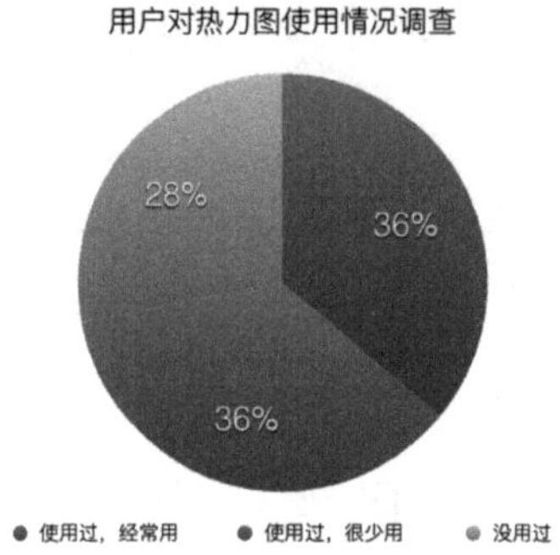

图 5-7　用户对热力图的使用情况

第三，不使用或者很少使用订单热力功能的用户提供的原因。这些统计让我们能定位问题所在，知道是功能体验的问题，还是背后计算逻辑的问题。如图 5-8 所示。

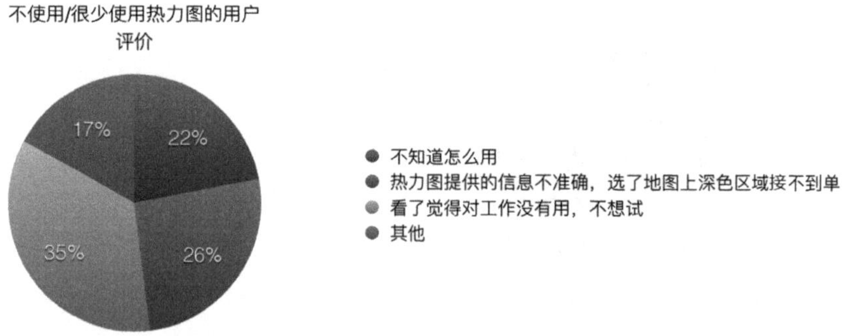

图 5-8　不使用或者很少使用热力图的用户评价

除此之外，我们还用开放式的问题收集了很多用户的建议和其他反馈。结合客观的统计数据和主观收集到的反馈，我们做出了以下总结：

- 功能的定位符合目前骑手的预期。
- 对于熟悉功能的骑手，在接单时会有所帮助。
- 一半以上的骑手并不会经常使用该功能。
- 主要的问题集中在：引导性差、视觉效果不明显、热力时效性有待提升。

这些从一线骑手得来的数据总结，对后续我们完善订单热力的功能提供了非常有效的指导。

成长建议 V

用户研究的方法没有好坏之分，也没有流程标准，关键在于通过用户研究得到的结论是不是能够支持产品经理的工作。如果能够支持，再“土”的办法，比如去咖啡馆找人聊天也是有意义的；如果不能支持，那么做成国际标准也没用。

要点反思

- 做可量化的研究，要警惕数据陷阱。
- 做可定性的研究，要发掘背后的原委。
- 最好的用研，就是自己成为用户。

第6章

用户体验

虽由人作，宛如天开。

——计成

用户体验到底是什么概念呢？发布于 2012 年的 ISO 9241-210 标准将用户体验定义为“人们对于针对使用或期望使用的产品、系统或者服务的认知印象和回应”。这个概念当然比较严谨了，但不够直观。好的用户体验可以囊括很多产品的特性，让用户觉得满意。

互联网知名的信息构架专家、Semantic Studios 总裁 Peter Morville 曾经提到，他认为用户体验包含 7 个模块，可以用蜂窝模型来展现。

模型中的内容包括：

- 有用性。面对的用户需求是真实的。
- 可用性。功能可以很好地满足用户需求。
- 满意度。涉及情感设计的方面，比如图形、品牌和形象等。
- 可找到。用户能找到他们需求的东西。
- 可获得。用户能够方便地完成操作，达到目的。
- 可靠性。让用户产生信任。

- 价值。产品要为投资人产生价值。

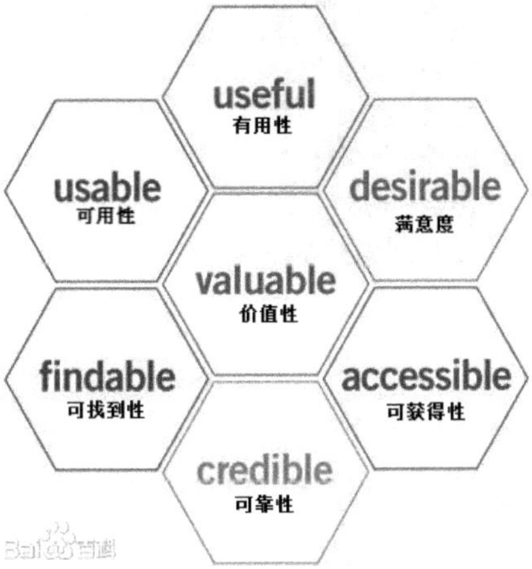

图 6-1　Peter Morville 的蜂窝模型（来源：网络）

Steve Krug 在《点石成金》(Don't make me think) 这本书里，提到的用户体验包括以下几个方面：

- 有用性：能否帮助人们完成一些必需的事务?
- 可学习：人们能否明白如何使用它?
- 可记忆：人们每次使用的时候，是否都需要重新学习?
- 有效：它们能完成任务吗?
- 高效：它们是否只需花费适当的时间和努力就能完成任务?
- 合乎期望：是人们想要的吗?

著名的用户研究专家《用户体验设计》的作者 Whitney Quesenbery 提出了 5E 原则，认为用户体验包含五个方面，如图 6-2 所示。

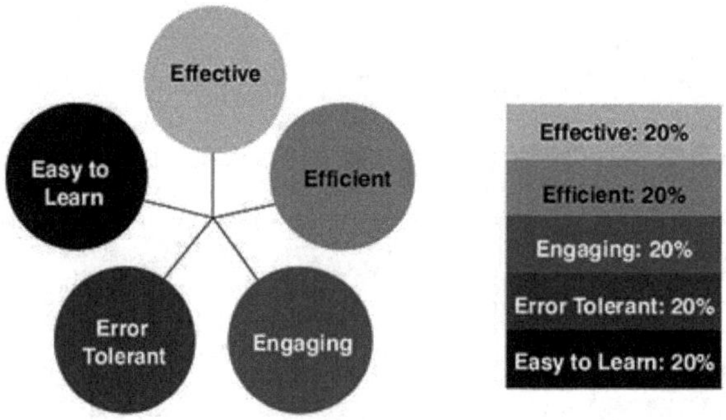

图 6-2　5E 原则（来源：网络）

- 有效性：实际可以等同于可用性或者有用性，就是这个产品能不能起到作用。
- 效率：产品应该是能提高使用者的效率的。
- 易学习：学习成本低。
- 容错：防止用户犯错，以及修复错误的能力。
- 吸引力：从交互和视觉上让用户舒适并乐意使用。

当然，最出名的还是我们在第 2 章就提到的《用户体验要素》里的五层模型。这种分层方法比较全面，从策略层到视觉层非常清晰。

通过这些描述我们就不难看出，其实用户体验关注的就是让产品友好地满足用户的需求，或者反过来说让用户通过你的产品满足需求时足够方便、舒适和快捷。

跟用户研究一样，用户体验的内容也是包罗万象。而我见过的比较细致、个人比较喜欢的用户体验评价方法是 Web 易用性大师 Jakob Nielsen 提出的一些可用性的标准，也被称为“尼尔森十大可用性原则”。无论怎样的用户体验方法都可以使用这种可用性原则进行检验。

所以本章就从这个角度出发，探讨在这个框架下，我们要在用户体验方面达到的目标。Jakob Nielsen 是从 Web 设计的角度来提出的可用性原则，以下根据目前移动互联网的特点，经过了一定的改动，增加了“恢复现场原则”，并在本章最后补充了关于文案撰写的一些建议。

可见原则

保证界面的内容可见、状态可见、变化可见。任何需要出现的信息都应当在该出现的地方出现。有时在设计的时候未必能想到，但当你作为用户时却经常会有“哦？这里不应该有介绍吗？不应该有提醒吗？”这样的疑惑。

有些看起来是特别基本的要求，但很多产品都做不到。用户找不到信息、不知道当前的情况、不明白发生了什么，这些都是不符合可见原则的例子。

比如，很多产品的空白页面就是图 6-3(a)所示的样子。

a　　b

图 6-3　两个应用的空白页面

“我在哪儿呢？这里为什么是白花花的？这里是做什么用的？我能做什么？”都没有告诉用户。即使知道功能的用户也会疑惑：这到底是没有加载完，还是已经加载完了？页面为什么是空的？我究竟该不该等待？等等。

而好的空白页如图 6-3(b)所示。这个页面的变化很显著。它明确地告诉了你：这里是做什么的，现在为什么是空白的，而且提供了让页面不再空白的途径，也就是告诉用户现在可以做什么——点击按钮马上就可以关注别人。

再比如，Facebook 的加载页面就不是白花花的一片，而是一张伪缩略图，如图 6-4 所示。这样用户的感知就会非常不同，清楚当前正在加载并且大致了解到会加载什么东西。

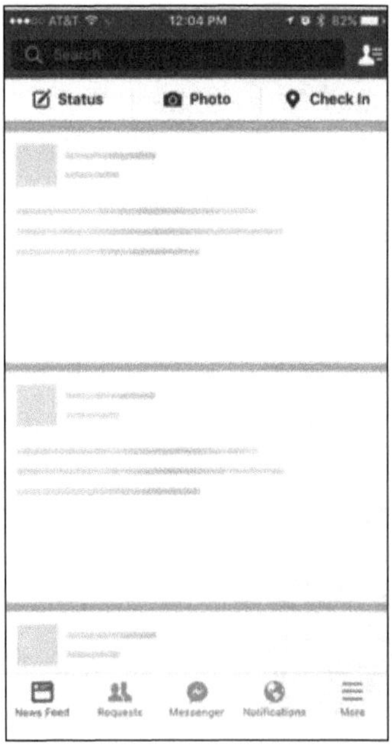

图 6-4　Facebook 的加载页面

场景贴切原则

让功能操作符合用户的使用场景。其实在第 4 章中已经提到了场景在需求分析中的意义。场景在功能设计中同样很有价值。我们可以知道，功能做成什么样子更符合用户的使用环境和方式。

如果第一次看到滴滴出行司机版的界面你可能会觉得有点奇怪，如图 6-5 所示。

图 6-5　滴滴出行司机版的某个版本中的界面（来源：滴滴出行官方网站）

这跟我们日常所见的 App 交互模式区别很大，文字很大，间距也很奇怪，几个按钮的位置安排得让人不舒服，页面的利用率也不高。

但一结合场景思考，原因就很清楚了。用滴滴出行的司机在使用手机时都在行驶途中或者行驶间隙，同时大部分手机不是在手持状态，而是放在架子上的。在这样的场景下，就要保证最重要的几点：字体够大、信息简洁可以让人快速识别；交互的触发点都没有贴在一起，可以降低操作的误触率。

所以在做设计时，不要主观臆断好坏，而是放到场景下做思考。

可控原则

用户要能对当前的情况很好地了解和掌控，足够自由。在很多特殊的、有很多可能性的功能界面要注意可控原则。用户需要自己能够把控产品运行的状态。比如典型的视频播放界面，如果只有播放和暂停，而没有快进和拖动，那么可以想象体验会有多糟糕。再比如所有的界面都应该有方便的退出操作。

在 iPhone 出现的时候，Home 键可以算作是史无前例的发明，完美符合了可控原则。无论在什么地方、遇到什么问题，当不知道该怎么办时，只需要按下 Home 键，就回到桌面了。这样对很多像我们父母那个年代的用户，就不必在用的时候会时不时担心焦虑，不知道该怎么退出、怎么返回了，遇到任何困惑，一键就可以返回到桌面，很有安全感。

一致性

用户需要在同一个产品中接受同一套规范或者逻辑。

许多产品经理会忽视产品逻辑的一致性。在功能、交互和视觉上不考虑逻辑一致性、不考虑使用同样的规范会导致用户的学习成本急剧增加。另外，也会让已经使用某个功能养成习惯的用户，在别的功能上突然不知所措。

比如，在社交产品中，关注你的人会被称为“粉丝”，在另一个页面又变成了“关注者”；在一些提醒对话框中，确定按钮有的时候在左侧，有的时候又在右侧；在工具类操作中，红色有时候表示正确，有时候又表示警告和提醒，等等。

之前我看到过 个例了是某打车软件的支付宝绑定提醒。在 App 界面上，文案写的是“回复验证码，即可绑定账号。”然而确认绑定时发来的短信里却是“您的验证码是 0235，将此输入应用程序，确认账号。”估计所有用户都会疑惑：那么我到底是要输到哪里呢？

防错、防呆原则

要尽量用足够的提醒和设计，让用户不要混淆、犯错和发呆。

防错、防呆原则已经是日本工业界成熟的质量检验方法了，由丰田体系的创建人新江滋生提出。防错和防呆本意并不是说，针对经常犯错的用户和比较傻的用户设计功能，而是说防止让用户遇到会犯错、会发呆的情况。

前面提到过，好的产品经理要能够以小白用户角度看问题。在判断你的设计是不是真的顺畅、让用户不费劲地使用，就是要以小白用户的角度看问题。

做提醒和解释的时候会看起来很傻。这点东西都不懂吗？但说这句话的前提是在设计者对产品和功能足够熟悉的情况下。对于新用户来说，很多事情并不清楚，如果不做好防错、防呆，那么用起来会经常卡壳。

特别典型的例子是如图 6-6 所示的提醒框。

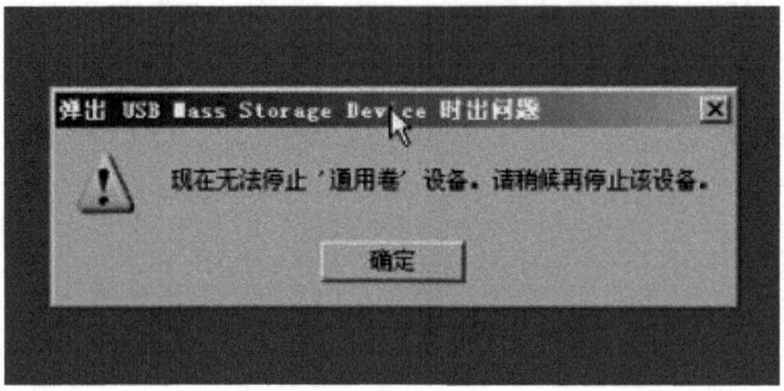

图 6-6　Windows 的提醒框

我估计绝大部分人看到之后都会有点莫名其妙，会觉得“你在说什么？”“然后呢？”“你别不管我了啊，我该怎么办？”

某国产工具在这种情况下就写的足够清楚，并且提供了解决方案的按钮，如图 6-7 所示。

图 6-7　某国产工具的提醒

图 6-8 也是一个非常容易造成困惑的例子。在这个日历中，不可用的日期和非当前月的日期，居然都是用灰色表示的（1~6 号其实是不可用的日期）。这样用户也会茫然，要理解很久才能明白过来。

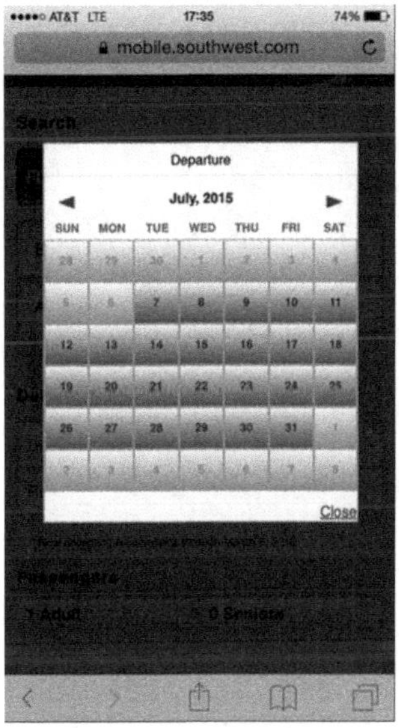

图 6-8　某网站选择日期的界面

协助用户记忆原则

在需要记忆某些信息时，产品功能要帮助用户记忆。

这个原则是基于一个更基本的原则：任何时候都应尽量帮助用户解决可能发生的问题。当你在淘宝买完东西、在美团订完餐之后，肯定不希望自己在脑海里再回忆一遍所有的订单内容，再点确认按钮吧？

比如，我买了好几件衣服，我是希望在结账前再确认一遍的，所以淘宝是这样做的，如图 6-9 所示。

图 6-9　淘宝的确认订单页面

再比如，在苹果的 Mac 端“照片”应用里，删除照片时不是直接提醒“要删除吗？”而是如图 6-10 所示，对话框中提示照片的数量，并且说明当前操作的内容，方便用户再做确认。

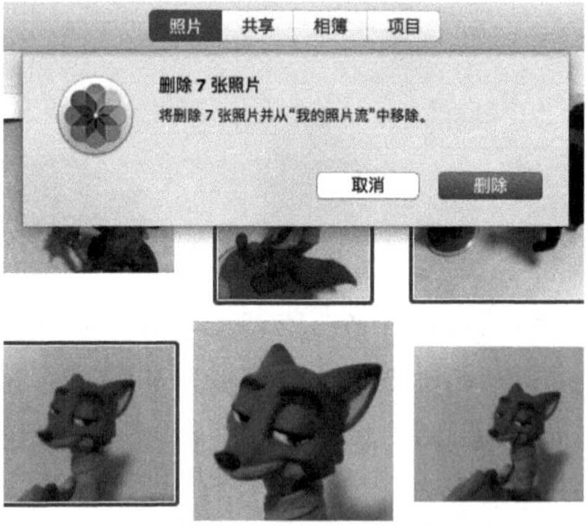

图 6-10　“照片”应用中删除图片时的提醒

简约易读原则

界面足够简单、内容易读。

这个原则有两点要求，第一，产品的所有文案都应当简易、可读性强。第二，要让界面足够清晰，以便于用户快速发现自己想要的信息。

有的产品做得特别花哨，界面里什么都有，看起来酷炫，但用户却连哪个是按钮都分辨不出来，这就是得不偿失了。

另外，易读性还要考虑用户使用产品的视觉轨迹，排版不要混乱。这在 Web 上应该更明显一些，在现在的大屏手机上也很重要。

如图 6-11 所示，这是某运营商的官方应用，整个界面很花哨，刚打开的时候，下方的那些图标和广告位还都会快速旋转。同时，上方的登录提醒也很不清晰，也没有明显的登录按钮提醒（有些读者可能看得出，点击空白头像就是登录）。所以即便是平时尝试过了很多 App 的产品经理，都一下子不太清楚该怎么操作。

图 6-11　某运营商的官方应用

容错原则

向用户提醒犯错的可能，并提供给用户挽回错误的方法。

要在用户可能犯错的时候进行提醒，越严重的错，提醒级别就越高。比如当你要还原 iPhone 的手机设置时，需要先输入密码，如图 6-12 所示。

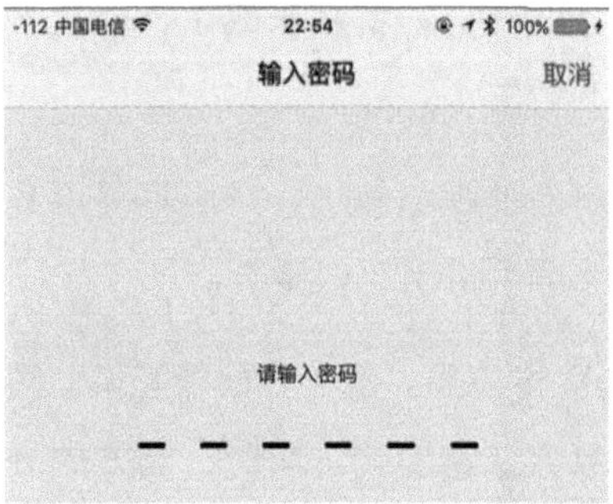

图 6-12 输入密码界面

然后会有红色的醒目提醒，如图 6-13 所示。

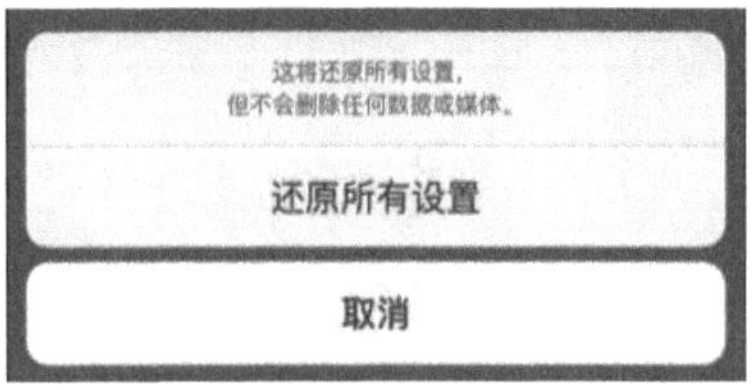

图 6-13 删除确认界面

而挽回错误最典型的方法就是文本编辑里的撤销功能了。有一些产品也会提供操作上的撤销功能，比如在 Gmail 中删除某个邮件后，顶部会出现一条停留几秒钟的提示通知，通知中提供了撤销的按钮，用户可以快速点击来取消刚才的删除操作，如图 6-14 所示。

图 6-14　Gmail 的撤销按钮

帮助和提示

在任何时候，考虑到用户需要得到帮助的情况并予以提示。

正常操作时，或者说用户掌握充分知识和信息时，提示当然是没有必要的。但实际情况是，任何用户在任何时候、任何场景下都有可能产生疑问，需要得到帮助。

除了在产品里放一个几乎不会有人点进去看的帮助文档之外，最好的方法就是在当下进行提醒。

比如，我之前玩过的一款游戏，在任务页面会有醒目的“帮助”按钮，点开有详细的提醒，如图 6-15 所示，防止出现玩家看到任务时不知道该做什么的情况。

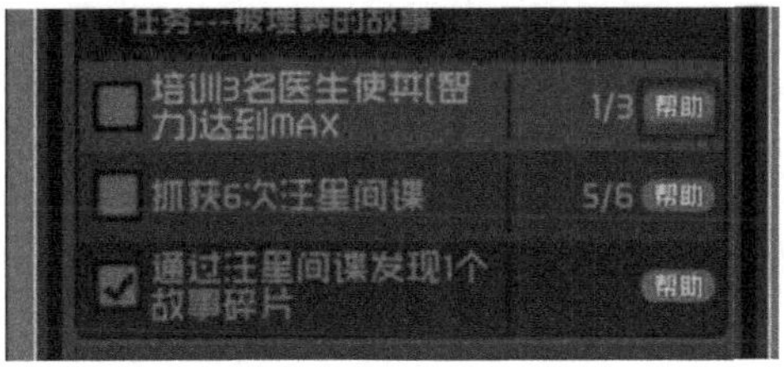

图 6-15　某款游戏的帮助按钮

灵活高效原则

用户在使用时，要方便、高效地完成任务。

在使用搜狗输入法里的 Emoji 表情输入时，可以看到它们都是按照最近使用来排序的。这样常用的表情往往都排在前面，可以快速找到。

图 6-16　Emoji 表情输入面板

在用微信的“+”功能时，如果不久前曾经拍过照，那么照片会自动浮现在按钮上方。这个功能设计得很巧妙，用户在这种情况下的确很有可能正要选择这张照片，所以不需要打开相册选择就可以直接发送出去，堪称高效。

图 6-17　微信的“你可能要发送的照片”功能

恢复现场原则

适应用户的碎片化使用习惯，在各种切换和退出返回时要能有恢复现场的能力。

实时保存内容是在有编辑功能的产品中非常重要的，比如知乎网页版在编辑页面时会隔一小段时间就自动保存一次，因为临时状况意外退出后，再到草稿箱中还能找到。如图 6–18 所示。

图 6-18　知乎的自动保存功能

iOS 在处理应用间临时的切换时提供了很方便的返回功能，点击左上角就可以回到刚刚所在的应用界面，这让很多碎片化的操作得以顺畅进行，如图 6–19 所示。

图 6-19　iOS 的返回功能

大家平时都遇到过但估计很少有人会留意，微信内置浏览器有记录上次阅读位置的功能。如果你在读某个公众号文章，读到一半回到聊天页面说几句话，再返回这篇文章时还是会回到离开时的位置。

而在新浪微博 App 中看某个人微博时，如果跳出再回去，又回到了微博列表的顶部。在这种情况下用户可能每次都会有想摔手机的冲动。

未来产品会越来越多，大家对信息接收的方式也不会满足于整块儿的形式，而是会变成以信息流、碎片化的方式为主。所以保护现场将是每个产品都要考虑的原则。

关于文案

虽然产品经理接触的文案有限，但往往都是较为关键的部分。比如给某个功能起名字，可能直接影响到用户对功能的认知，以及使用功能的方法。作为产品经理，应该对文案有着足够的关注。在锤子科技工作的时候，我们对短短十几字的文案，可能会来回讨论几十个版本。如果是一个重要功能的名字，甚至可能会经历连绵几个月的纠结。

对于文案的话，有几条建议。

- 不要用太过文艺的语言，尤其是在给重要功能起名时。

在进行文艺创作时，名字当然越有趣、越有个性比较好，但在给产品、功能和某些地方的提示进行描述时却是大忌。作为产品设计者，我们应该让用户理解产品含义，而不只是让用户感受到我们的趣味。

像苹果公司的 OSX 提供的整盘克隆备份功能，有很多可选的更有科技感的名字，但他们选定的是时光机器（Time Machine），任何人都对这个功能的效果有了特别具体的感知，大家清楚使用这个功能就可以让电脑恢复到过去某个时刻的状态。

而有的产品把自己的各种功能和功能项的称呼都起了特殊的名字。比如积分叫 X 币，商城叫集市，购物车叫竹篮等，都对用户的认知造成了困扰，增加了很多学习成本。MIUI 有一个“神隐模式”，有很多朋友都不懂这是什么功能，也就从来没有尝试过。

这里也提一句，尽量避免使用网络流行语。网络热词流行过去之后，可能很快就被遗忘了。过段时间，就会没人觉得新鲜，再久一些大概都没人能记起其真实含义了。

- 能简则简，字数减到最少。

在简约易读原则里简单提到了文案呈现的清晰简洁，这里想强调的是字数能减则减，直到再减就不能表达清楚意思为止。

我们看到过这样的产品提示文案，“确认要删除选中的 25 张照片吗？删除后照片将永久销毁、不能恢复，请慎重选择，点击下方确认按钮即可删除。”这就像产品经理花了 10 秒钟就随手写下来、懒得去想第二遍的“文案”。其实后面那些废话完全可以删掉，更合适的写法应该是“要删除这 25 张照片吗？它们将不能恢复。”用户自然知道要去点击按钮。

在某些情况下，一长串文案也不如一个简单的符号有效。比如“√”用来指代“已经成功”或者“顺利完成”的意思就方便许多，也容易理解。

- 反复斟酌，不要有歧义。

“网络异常，请检查设置。”这就是最糟糕但却很常见的一种文案。首先，网络异常是产品服务器的网络异常还是用户这边的网络异常？检查设置是要看产品里的设置、网络设置，还是系统设置？这种不清不楚的文案，不会有什么效果。

QQ 的默认验证消息文案至今都没怎么变过，如图 6-20 所示。对话框中的“我是……”就存在着歧义——到底是要写清楚申请添加好友的申请人是谁，还是写明被申请人是谁？

- 找到产品的试用者。

大家都知道白居易的一则轶事，他每写一首诗都要先给不识字的老奶奶读一遍，老奶奶说听不懂，他就继续改。我们写的产品文案也应该如此，找一个并不熟悉产品内情的人，让他看这些文案，看不懂的就不停地改，这样最终就是最直白又通俗易懂的版本了。

在锤子科技，我们都会找一个对数码产品不感兴趣的同事来帮忙审阅文案；在小米科技，这事儿据说是拜托楼下的保安来完成的。

图 6-20　QQ 默认验证消息

成长建议Ⅵ

本章提到的原则以及关于文案的建议，可以作为检验来配合各位完成产品设计，但用户体验“路漫漫其修远兮”，大家要一起求索。

关于用户体验，我有个非常深的感触，就是任何功能都还有变得更好的余地。所以任何时候，我都不敢自称设计出了无懈可击的作品，对任何设计出的方案，只要有时间精力都要不断去研究和思考，让产品越来越好，让用户越来越满意。积沙成塔、集腋成裘，好的产品不是依靠某个神奇的 idea 就能所向披靡的，好的产品往往都是在任何细节都无可挑剔。

要点反思

- 任何你觉得可能会“不太舒服”的地方，在市场上很可能会让成千上万的用户“很不舒服”。
- 任何你觉得已经够完善的方案，仍然会有优化空间。

第三部分

产品管理

产品经理原本的英文叫法就是“Product Manager”，也可以翻译成“产品管理者”。产品经理在维护和跟进产品的过程中会有很多环节需要管理，不光要管理文档、需求和流程，还要管理团队，甚至管理自己。从宏观视角我们要认识到管理的意义和价值，把控管理的节奏感和效果，从细节层面我们要熟悉管理的具体操作方法和技巧。

第 7 章

文档管理

Brainy is the new sexy

——Irene Adler[1]

曾经有个朋友请我去他们团队做了一段时间顾问，目的是为了解决产品人员跟技术人员协作中效率很低的问题。

到了他们的团队，我发现他们的产品经理的思路好像也没有大错漏，技术开发的同事也足够用心，两边沟通也看得出都尽量在体谅对方。所以有点奇怪，为什么说协作存在大问题呢？我拿到了产品经理给开发同事的文档，立刻就发现了问题。他们的产品经理只是在文档中写到了交互层面，而没有捋顺背后的逻辑，也没有把功能框架拆分好，给开发同事的东西自然就会出现各种问题。

于是我拉着他们涉及产品设计的同事一起开了一次会，详细解释了一通，在提交给开发同事前一定要先搞清楚功能的框架、结构和逻辑，以及信息流、数据结构等。有些人疑惑：这不是技术人员应该做的事情吗？我

① 智慧也是一种性感。——艾琳·艾德勒，出自《神探夏洛克》

们负责设计，他们只管实践就好了啊？

这就是我们要讨论的第一个问题——产品经理到底要不要懂技术。

产品经理要不要懂技术？

大家通常提到的产品经理，除了常规意义上全权负责产品的产品经理之外，还有产品设计师、用户体验产品经理，以及后台产品经理、需求分析师等很多种。不同的公司，产品经理负责的事务也各不相同。

从行业角度，也可以分为技术型产品的 PM、设计型产品的 PM、运营导向产品的 PM。再细一点划分，还可以分出电商产品的 PM、社交产品的 PM 或者搜索产品的 PM 等。在某招聘网站上，产品经理的常见分类就有很多种，如图 7-1 所示。每种产品对应的产品经理所需要的技术知识有所不同。百度搜索的产品经理不可能对搜索算法不敏感。而在产品实现并不困难的情况下，或者说在非技术因素更重的产品中，可能就不太需要了解太多技术背景。

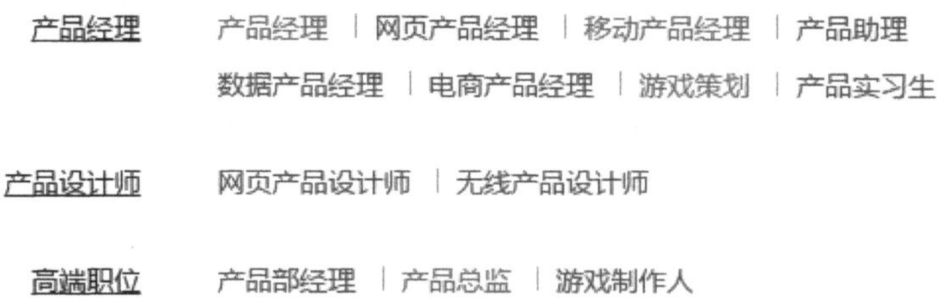

图 7-1　某招聘网站产品经理的分类

我们在写简历的时候都知道有一种写法是把技能描述成“精通”、“掌握”、“了解”等，其实这样写没有意义，因为根本解释不清楚你对技能的掌握程度。如果说精通 PS，到底是精通到可以手绘出蒙娜丽莎，还是精通到可以给女朋友修个照片而已呢？我们需要的是实际的描述。

同理，“懂”这个词也可以解释成很多行为。知道 Java 和 C++的区别算不算懂？可以设计数据结构和一些算法算不算懂？能够自己马上实现所有代码算不算懂？最浅层次的“懂”，是任何产品经理都应该达到的。很多产品经理居然都不知道自己产品的后台是用什么语言写的，也不知道 API 是什么意思，更不知道产品包含的所有数据是怎样流通的。而比较高层次的“懂”，到底是不是需要懂得读代码、写代码，则要看实际情况了。

“技术”到底是什么呢？大多数人只会把技术理解成代码，是在编辑器里一行一行敲出来的东西，以为敲得越快代表写得越好。但其实还有很多纯技术的工作并不是单纯地实现软件。我的理解是，任何产品工作中接触到的技术都应该算作产品经理“有可能”需要了解和学习的技术。包括算法、技术逻辑、数据结构、架构、整体框架等，只说代码实现反而是比较次要的。

总的来说，产品经理一定要懂技术，具体懂到什么程度要看“需要”。不同的产品经理负责的事情不同，接触到的技术也不同，所以要清楚哪些事情是需要了解的。比如之前在做安卓操作系统的时候，我们会对原生系统提供的一些可复用的模块很熟悉，这样我们会设计出成本更低的方案；在做上门美甲及现在的众包物流时，我们会跟开发的同事一起设计订单逻辑和数据结构，因为这些既跟具体实现的方法有关系，也跟用户对产品的使用效率有关系。

这些可以算作技术，却并不是日常生活里理解的“用 C 语言写一个排序”那样的技术。比较让人头疼的是，很多人问“产品经理是不是需要懂技术”的问题时，脑海里想的是“下个星期要不要报个 Java 学习班或者买本《7 天学会安卓开发》”，这样的想法是很荒谬的。

好的文档到底是什么样的？

不同公司的产品文档差别很大。我在嘟嘟美甲时还是草创阶段，我们的文档就是几页纸，标注着整体的逻辑、描述功能细节。而在诸如 BAT 这样的大厂的主产品，一个小的产品改动可能就要经历 BRD、MRD 和 PRD。我们去评判到底哪种格式正确，就好像讨论哪种口红颜色最好看一样，没有意义。口红要看涂在谁的唇上，如同文档要看用在怎样的项目中。

我了解过很多产品经理的文档格式，也使用过很多不同的文档格式，但想对“好的”产品文档下个定义，还真的很难。锤子科技的项目经理周老师很有经验，我刚去公司的时候他正在努力让还称不上正规的产品设计研发流程通畅起来，他告诉我了一个检验方法：能够减少甚至免除在开发过程中技术人员跟产品经理沟通的文档就是好的文档。

这是基于文档的根本意义的检验。严格来说，文档不是必须的，完全可以不写，只需要产品经理不断跟技术的同事沟通、时刻跟进研发的每个步骤，产品做出来自然都是没有问题的。但这个过程效率太低了。而文档的作用就是为了高效地传递产品经理对产品功能的描述并予以记录。为什么“不好”的文档并不能让成本降低？因为这些文档里对功能的描述不清楚、对细节逻辑梳理不清楚或者存在很多缺漏，导致技术的同事在依照文档进行开发时，不断找产品经理核对或者要求补充。

优质的产品文档就应该是提交给技术研发的同事后，再也不用来回确认沟通的。由于现实因素这几乎不可能实现，不过我们要尽力做到可以让需要确认的情况减少。

有了这条准则，我们就可以尝试抽象出“好的”文档应当满足的几个条件。

1. 没有逻辑硬伤

“硬伤”指文档的内容前后不一或者逻辑不通。一旦有硬伤出现，那么文档显然就不可用，技术的同事会搞不清楚到底该怎么做。

2. 没有疏漏

有经验的产品经理出现硬伤的几率不大，但疏漏的可能还是有的。一个功能牵连的信息和逻辑越多就越会有考虑不周全的地方，没有定义清楚细节，让技术的同事开发到一半，发现有的功能应当有但没描述，只好再找产品经理要求补充。

3. 逻辑清晰

有的文档内容零散会给技术的同事造成困扰，看过很多遍也不知道如何下手。产品设计可以松散，但技术人员开发时如果不先从全局出发定义问题就无法展开工作，这是需要产品经理尽量在文档里配合的。

4. 可读性强

很多产品经理只是考虑把事情说出来，而不是友好地说出来。有很多数据、信息、流程的展现用图表更清楚，但因为懒得做，就几行字说一下，太大增加了理解成本。有很多名词、解释都说得模棱两可、难以理解，以致在后续发展过程中还要反复向产品经理确认（多说一句，有可能被误解的名词最好在文档开头予以解释）。

只要满足以上四点，具体的展现方式就不是最重要的了。

我们知道产品经理不仅仅是要理解用户的需求，还要配合好技术的同事理解他们的需求。产品人员需要能够输出给他们有效、友好的具体功能描述。要达到这个要求，就要对技术层面的很多事有初步的理解，也要知道产品功能的实现逻辑、数据的结构和信息流。

图 7–2 中上方的图示，是很多产品经理自认为所处的位置。对于他们来说，产品经理主要就是跟用户频繁交互、跟用户打交道，发掘需求并设计功能。这是最核心的部分，而不会特别关心输出。需求文档只是单向描述设计时的结果。

图 7–2 中下方的图示，则是我认为更合理的表述。对于产品经理，输入是不断跟用户产生互动，那输出就是不断跟技术研发人员产生互动。在互动中，完成需求分析、产品功能设计及协助产品实现的工作，前后两端同样重要。只关注用户的输入却不关注技术研发那端的输出就会失衡。

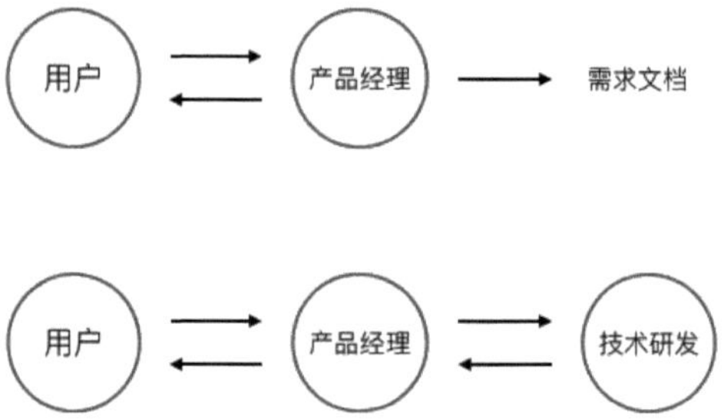

图 7-2　产品经理所处的位置

文档逻辑

刚才从写文档一事引出来了关于功能框架、信息流程这样的话题。我们在讨论问题、设计功能时要清楚这些逻辑，而文档就是这些逻辑最后体现出的载体。

在功能设计中，需要有三种逻辑关系是特别清晰的。它们分别是功能框架的逻辑、业务流程的逻辑，以及功能描述的逻辑。

功能框架的逻辑

对于很多创意型的产品经理，“结构”、“框架”这些词看起来遥不可及。但任何事物一旦有复杂度，就必须在功能架构上清晰无误。如果不划分结构，分工就无法开展。像淘宝这样的巨型产品，几千人甚至上万人在这个产品上做工作，必须有清楚的责任分工和协作方法。

在产品设计上划分结构、搭建基本框架，更有利于产品思路的梳理，也能够由此衍生出合适的功能。对于研发部门也有意义，他们也可以以此框架解耦开发，以防把所有功能都做的纠缠不清。

那到底怎么才算有清晰的框架和结构呢？我们又该如何梳理呢？

- 拆分

要进行整合，就要先拆分。把产品的功能（或者预期有的功能）枚举出来，拆分成相对独立的模块，这是第一步。比如，我们准备做一个纯粹的电商产品，没有其他的属性。那针对消费者也就是买家这一端，我们可以枚举出有很多要做的功能，如图 7-3 所示。将能想到的可能有的功能都在其中了，那就是拆分完成了。

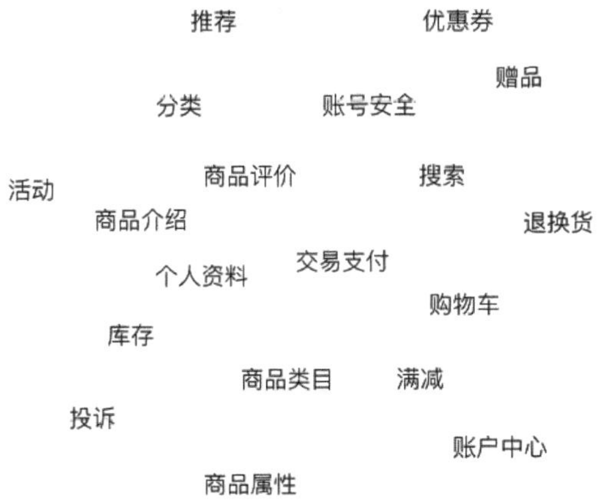

图 7-3 罗列出的电商产品功能点

- 组合

接下来，我们就可以把刚才罗列的电商产品功能予以组合。比如，商品本身相关的几个功能，介绍、类目、属性可以归在商品模块里。优惠券、赠品这些营销相关的组合在一起。最终，我们就得到了大致分开的几个模块，如图 7–4 所示。有了导购、商品、交易支付、营销、售后、个人中心六个模块，我们就对消费者端的产品结构一目了然了。而且未来相关的功能，我们都可以在其中找到合适的位置。

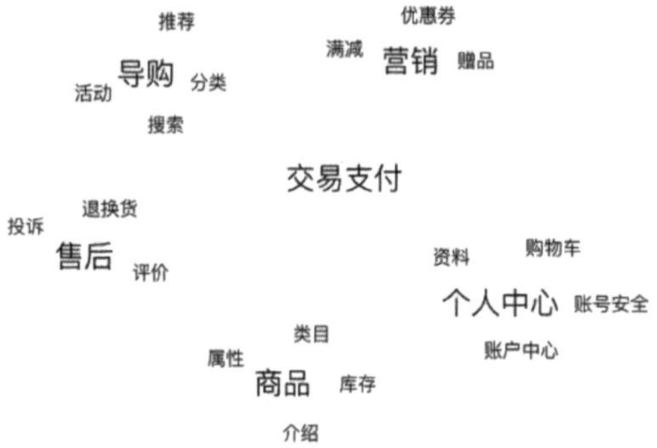

图 7-4　组合后的电商产品功能点

对于任意产品都可以用类似方法拆分组合，整理出应有的模块划分，它们比较现实的意义是方便开发，以及方便产品经理自己分工。

图 7–5 是众包物流平台“点我达”商家端的结构划分，基于这种划分，将不同的模块划归给不同的同事负责，这样每个模块的不同功能都能确保由熟悉前后逻辑的同一个人完成。

- 1. 账号系统
    - 账号信息结构
    - 注册登录
    - 账号安全
    - 商家身份验证
    - 异常处理
- 2. 知识系统
    - 制度说明
    - 使用方法
    - 通知
- 3. 接单配送
    - 下单逻辑
    - 下单操作
    - 订单查看和操作
    - 异常处理
        - 取消
        - 投诉
- 4. 账户中心
    - 计费系统
    - 资金展示
    - 历史账单
    - 充值
- 5. 反馈帮助 & 其它
    - 反馈
    - 帮助
    - 关于
    - 其它

图 7-5　众包物流平台“点我达”商家的产品结构

业务流程的逻辑

业务流程在这里指的是，产品所提供的功能或者服务实现的具体流程步骤。很多产品都有不止一个功能，对这个功能的使用涉及很多步骤，并非是一次性的操作。比如电商、020 常见的订单流程的流转就是由很多相关联的功能和互相流通的数据来完成的。

这里可以从两个维度去分析，一是面向事件的，二是面向对象的。

面向事件

面向事件指的是，要完成一件事可能会进行很多次操作。而在这些步骤中要整理出健全的流程，逻辑清楚且不存在缺漏。一般情况下，我们使用流程图来描述面向事件的流程步骤。

比如，在物流平台产品上提供了投诉的功能，配送员（骑手）可以通过该功能来对违反平台规则的配送员或商家进行投诉。

整个投诉的流程涉及 App 端和工单系统，而且整个投诉事件的生命周期是 App-工单-App 这样的，所以就要整理出整个过程的逻辑。最终设计的流程图如图 7-6 所示。可以看到，不仅使用了常规流程图，还加入了“泳道”，可以直观看到是在哪里处理投诉的信息、完成投诉的流程。

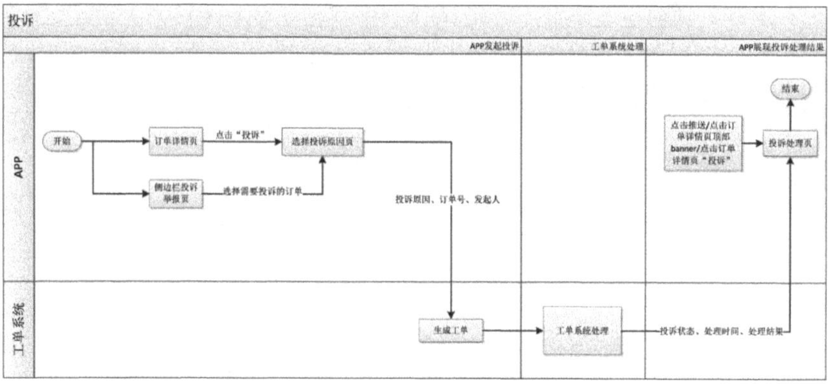

图 7-6　投诉流程的示意图

在对上门美甲的产品做初步的设计时，我们也遇到同样的问题，需要梳理清楚在整个订单运转流程中的业务逻辑，如图 7-7 所示。

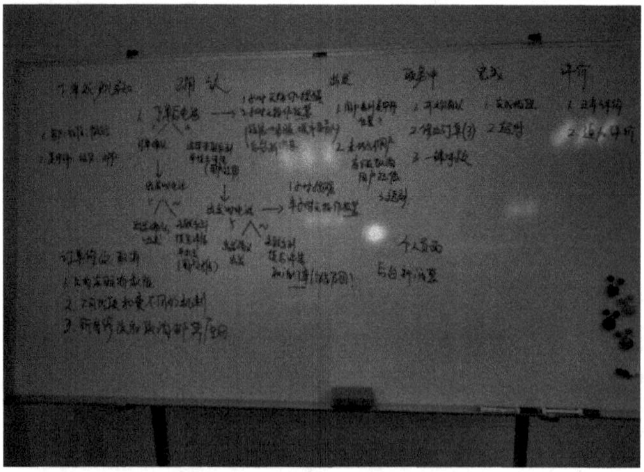

图 7-7　梳理业务流程逻辑

我们梳理了每个步骤中产品需要为用户提供的功能，并且将每个步骤的内容完整地枚举出来，这样整个产品的功能逻辑就一目了然了。

面向对象

面向对象，指的是对象的生命周期代表着一次完整的功能使用。最常见的就是订单，从产生到消失（注销）会有很多状态的情况，要考察清楚状态的转化条件和流程，通常会用状态转化图来表现。

比如，图 7-8 是我们在做上门美甲产品的第一个版本时所设计的订单状态转化示意图。只有把完整的状态转化列清楚，才可能知道会不会有状态缺漏，状态是否合理。更重要的是确认逻辑是否完备，以及让技术开发的同事知道如何去实现订单的流程。

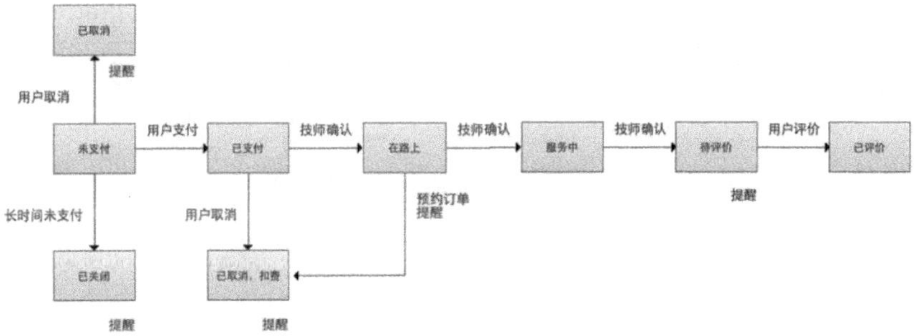

图 7-8 早期版本的订单状态转化图

有兴趣的读者可以学习一下面向对象的编程思想，也许会对很多功能的实现有更深的理解。

功能描述的逻辑

对于一个功能设计出方案，并不意味着可以逻辑完整地描述清楚。而且对于功能方案，我们无论多么谨慎也总是有存在错漏的地方。所以在描述功能时，用各种方法尽量捋顺逻辑，把内容更有条理、更完整地描述清楚，可以避免很多问题。

比如众包物流产品在设计配送员取消订单时，要使用一套取消的逻辑，包含有扣罚款、扣额度等。在不同的情况下，给配送员的提示（内容也就是实际执行的操作）都是不同的，为了完整描述每种情况，用表格的形式展示，如图 7-9 所示。

	非最后 3 次取消	最后第 3 次取消	最后第 2 次取消	最后 1 次取消
自身原因无法配送（车坏了，身体不适等）	取消将支付 5 元违约金，2 小时内无法接单，是否取消？			
商家要求我取消	1、本周再取消 5 次（包括本次），会导致你的账号被停用，停用期间无法再接单。 2、请确保你已和商家充分沟通，以免被商家投诉。一旦投诉成立，你的账号同样会被停用。 是否取消？ 查看取消订单规则	1、本周再取消 3 次（包括本次），会导致你的账号被停用，停用期间无法再接单。 2、请确保你已和商家充分沟通，以免被商家投诉。一旦投诉成立，你的账号同样会被停用。 是否取消？ 查看取消订单规则	1、本周再取消 2 次（包括本次），会导致你的账号被停用，停用期间无法再接单。 2、请确保你已和商家充分沟通，以免被商家投诉。一旦投诉成立，你的账号同样会被停用。 是否取消？ 查看取消订单规则	1、取消此单会导致你的账号被停用 1 天，停用期间无法再接单。 2、请确保你已和商家充分沟通，以免被商家投诉。一旦投诉成立，你的账号同样会被停用。 是否取消？ 查看取消订单规则

图 7-9　不同情况下取消订单的提示

有很多方法能够达到同样的目的，比如可以讲述扣额度的定义，然后说明“提示时根据不同情况提醒用户目前额度的情况”，但这对于开发的同事来说是不具体、不清晰的功能描述。他们拿到这样的功能描述必须要自行再处理一遍，才能变成可开发的内容。

总结来看，在描述功能时有以下几点要注意：

- 完整

尽量枚举所有的情况，并且分情况详述功能内容。最好从某个维度，比如业务的发生、进行的流程、订单状态变化的转换等关注功能变化的情况，以防漏掉什么特殊情况。对正常流程来说，可能是像图 7-10 左侧的情况，但对于一个完整的、考虑到任何情况的功能描述来说会是图 7-10 右侧的情况。

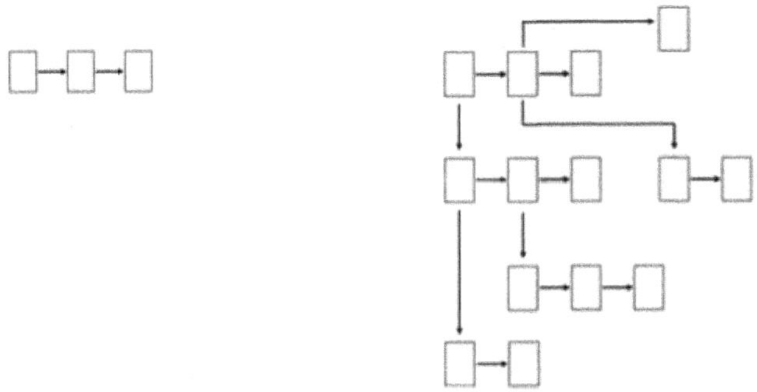

图 7-10　左边为正常流程示意，右边为完整流程示意

如果相关的情况比较多要描述的内容比较复杂，就用表格展示。

- 考虑到所有影响点

产品越大、功能越多，就越有可能存在牵一发而动全身的改动。对任何改动，即使再小都可能牵扯到其他的地方，所以要特别注意。还是举众包物流平台的例子，在更新配送员收入规则的时候，我们只关注了订单页面和个人账户页面的收入描述，临近上线时才发现在帮助页中的某个大家都遗忘了的子页面里还有收入规则的描述，于是临时紧急改掉。所幸工作量很小，没出太多问题，不然闹起纠纷来，又是一桩麻烦事。

- 条件判断清晰

条件判断要足够清晰，是在什么条件下有什么样的功能，或者在怎样的条件下触发怎样的特殊功能都要罗列清晰。这里可以参考编程语言中很常见的 if/else、while、switch 等几种逻辑描述。

- 含义明确

不要用模棱两可的词来描述功能，也不要用未定义清楚的词造成混淆。著名的硅谷创业者、SpaceX 的老板马斯克曾经被很多看不懂的工程师们自创的缩写词搞得很恼火，于是发了一封邮件说："除非得到我的批准，其他缩写词不能列入 SpaceX 的词汇表。例如，测试架不应该有'HTS'或'VTS'这样的称呼，这讨厌的缩写版本事实上比原词更费解……"虽然这条规定被员工戏称为"A.S.S Rule"（狗屁规定），但这确实让大家的沟通更加高效。

- 叙述背景

让逻辑链条更完整的一个好方法是叙述功能产生的背景及它要达到的目的。在第 4 章提到基于场景挖掘需求时，也提到了要让整个团队关注需求发生的场景，这样更容易让他们理解产品。

成长建议Ⅶ

产品方面的文档并没有统一的标准。在大公司里能够用既有的模板详述方案是好的，在创业团队用简陋的形式一页图纸就说清楚功能也是可以的。对于文档要讲求逻辑、内容清晰，在不同的团队里不同的协作方式中都是至关重要的。如果非要提供一种可用的需求文档写法，建议用如图 7-11 所示的用例。

需求用例	
场景	
用户需求（解决什么问题）	
前置条件	
需求详述	
后置条件	
补充说明	

图 7-11　一种需求用例

要点反思

- 了解技术是为了更好地设计功能和协作，并不是帮技术的同事完成工作。
- 不管文档是什么形式、篇幅如何，能让开发人员们看得懂的就是好文档。
- 文档的完整性、逻辑性比文档的可读性、美观程度都重要。

第8章

需求管理

取势、明道、优术

——长江商学院校训

跟了解订单的生命周期就能勾画出电商购买流程、了解帖子的生命周期就能勾画出论坛的交流场景一样，从需求的生命周期就能勾画出整个产品设计到实现的流程。

在相对成熟、处于发展期的团队，需求管理就是产品经理的核心工作之一。就像长途驾车既要保证方向正确、目标清晰，也要保证在驾驶中的平稳、安全不出差错。

需求在不同的阶段，产品经理对这个需求要负的责任是不同的。但需求要牢牢把控在产品经理手中。产品经理对每个需求都了如指掌，非常清楚，这才称得上是“Manager”。要管理起整个产品，将产品拆分成功能，功能都从需求中来，是需求的表现形式。严格来说，需求到了开发阶段就算是功能了，但为了描述的一致性，在本章里我们把此时的“实现功能”也视为“实现需求”。

我们可以把需求分为几个阶段，依次讨论在每个阶段产品经理应当如何管理和处理需求。

获取需求阶段

需求的来源有很多。业务越复杂，需求就越复杂。前文我们提到了一个电商平台，产品需求就可以拆分成导购、商品、营销、交易支付、售后、个人中心等。

职级越高代表着身边人提需求的可能性越大。初入行的产品专员或助理，主要是得到被安排的任务；初级产品经理，需求来源主要是用户和上级；产品负责人，需求来源还会有老板和其他相关部门；而作为老板，谁都可能提产品需求。

所以在获取到需求这一刻，就必须做一个判断并且记录。如果不做判断，等做的时候根本没办法梳理出头绪，可能大部分时间都在疲于折腾需求清单。记录当然是为了方便回溯，获取到的再小的需求也记下来，不要指望你随时能想起来每天听过的每个需求。

判断需求的方法如下：

第一，判断需求本身的重要性。

同样是页面写错了一个字，把“登录”写成“登陆”和把“奖励 15 元”写成“奖励 50 元”，对不同问题的严重性要有一个大致的预估。

第二，考虑需求来源。

需求来源会表明一些事情，要慎重思考。比如老板提到的需求未必是目前你能理解的，但他认为特别重要，我们就暂且把这个需求当成特别重要的任务。再比如是用户提到的需求，但细想后发现他并不是目标用户，那么他的需求就可以暂时不用考虑。

第三，了解需求背景。

我在工作中有三类需求绝对不记。

没说清楚原因的需求，不记。（“你做个 XX 出来，别管那么多。”）

不说清逻辑的需求，不记。（“啊，这里我也没搞懂，你先看看。”）

不是实际遇到的需求，不记。（“哎，我觉得可能有人会这样用。”）

需求背景没弄清楚，完全是浪费时间。记录需求的时候，要确保格式是“问题+方案”的形式，例如“XX 在用我们的 XX 功能时，感觉 XX，我们可以尝试 XX 的方案”。如图 8-1 所示为我们平时记录需求时的常用格式。

消息中心分类运维需求

需求背景:

早期的消息中心后台只有系统和人工两个分类，代码中有一部分是通过人工这个分类发送的消息。新的消息中心后台，对分类进行了细化，出现了人工和其他两个分类，但实际上应该把人工合并到其他上。

需求描述：

1. 把代码中通过人工这个分类的发送消息的这部分代码找出来，变成合理的分类

2. 对已经用人工这个分类发送的消息，进行数据运维，改到其他分类中

3. 移除人工这个分类

图 8-1　某个需求的记录内容

讨论和设计阶段

每隔一段时间应该举办需求讨论会，整理“需求池”，也就是记录所有获取到需求的表单。会上要详细讨论每个需求的情况，确认以下几个事项。

1. 需求的优先级

对于需求的优先级有两种常见的排序方法。一种是基于四象限法则，另一种则是基于 KANO 模型。

➘ 四象限法则

一般需求的重要程度很难量化，尤其在来源复杂的情况下。营销部门着急要我们配合做活动，不做就少赚好多钱，业务部门着急要我们配合做一套自动化结账工具，做了能节省很多成本……有时抉择会很痛苦，要权衡各种利弊，考虑最合理并且能说服别人的理由。

最常用的判断方法是 Stephen Covey 提出的紧急重要四象限法则。如图 8-2 所示。

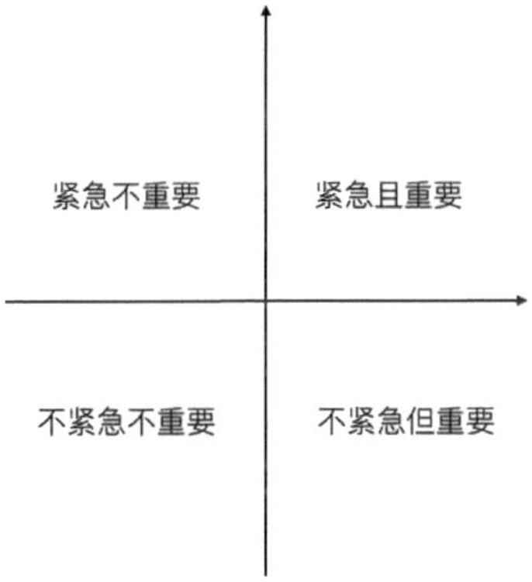

图 8-2　四象限法则

我们要把紧急且重要的需求排在最前，不紧急但重要的需求其次，紧急不重要的需求再次，最后是不紧急不重要的需求。

而在判断是否重要时，可以参考这样的排序（重要程度由强到弱）：

- 不做，会造成严重的问题和恶劣的影响
- 做了，会产生巨大好处和极佳效果

- 跟核心用户利益有关
- 跟大部分用户权益有关
- 跟效率或成本有关
- 跟用户体验有关

判断是否紧急，可以参考以下排序（紧急程度由强到弱）：

- 不做，错误会持续发生并造成严重影响
- 在一定时间内可控但长期会有糟糕的影响
- 做了，立刻能解决很多问题、产生正面的影响
- 做了，在一段时间后可以有良好的效果

↘ KANO 模型

另外一种很常用的方法是东京理工大学教授狩野纪昭(Noriaki Kano)提出的 KANO 模型。我个人比较习惯用简化版的 KANO 模型法，如图 8-3 所示。

飞哥简化版 KANO 模型		如果没有的话		
		开心	无所谓	不开心
如果有的话	开心	矛盾	惊喜	期待
	无所谓	错误	无关	必要
	不开心	错误	错误	矛盾

图 8-3　简化版 KANO 模型

作为一个需求对应的功能，“行”描述的是“如果有的话”，用户会“开心”、“无所谓”还是“不开心”；“列”描述的是“如果没有的话”的情况。具体分析如下。

矛盾：如果用户觉得功能存在和不存在都很开心，或者都不开心，显

然是有问题的，这种矛盾的情况是存在逻辑问题的，不予考虑。

错误：如果功能不存在让用户很开心，或者功能存在让用户不开心，那么这个功能显然是错误的功能，不予考虑。

无关：如果功能存在和不存在，用户都觉得无所谓，那功能也就无关紧要了，同样不予考虑。

最重要的就是以下三类需求：

必要：如果功能存在，用户并没有特别的感觉，但功能不存在，用户会不开心。这说明这个功能是要满足基本需求的，也就是大家常说的“痛点”。

期待：如果功能存在用户很开心，功能不存在用户很不开心，这就是满足用户最直接、最明显的需求了，因为在用户内心已经有所期待。

惊喜：如果功能不存在的时候用户并没有感觉，说明对这个功能，用户之前没有预期，但功能存在用户很开心，也就是说达到了惊喜的效果。这就是我们在第 2 章所说的能够超预期满足用户。

任何需求对应的功能都可以分为“惊喜型”、“期待型”和“必要型”。考虑需求的价值，就要基于这三种类型来做判断。很多公司和产品利用的产品运营手法就是在满足后两种类型需求的同时，不断用第一种类型需求激活用户的热情，促使用户传播。

基于四象限法则或者 KANO 模型，可以完成优先级的标注。通常我们会用 P1、P2、P3、P4 来标注不同优先级的需求，P1 优先级最高，P4 优先级最低。

2. 方案的草稿

需求有不同的解决办法，要讨论清楚到底用哪种方法解决。比如在讨论 O2O 产品的需求时，我们发现有要解决刷单问题的需求。解决方案可以有几种：事前提醒，告知用户目前地理位置或订单信息有刷单嫌疑；事中限制，以必须到达指定地点、拍摄当地照片等操作来限制用户；事后惩戒，提供给客服或者业务部门疑似刷单的名单和证据，罚款或者封号。这几项到底做哪个？还是做其中哪几个？优劣在哪里？需要好好讨论。

讨论出大概的方向，以及粗略的方案，再跟相关业务部门或者需求方确认。要确保大家共同认可了某个方向后，再继续推进。

3. 指定负责人

通常存在两种产品经理的需求分配制度。一种是每个人负责的需求范围要有清晰的边界，需求对应哪个模块直接分配即可；另一种是团队作战，每次指定或者认领，谁都有可能接手任意需求。前一种的好处在于模块清晰，负责人可以对自己负责的部分足够熟悉，但缺点是工作量很可能不平衡，有的同事一直在忙，有的同事可能就比较闲，因为需求不是平均按模块分布的。

建议的方法是，在需求分配时大致还是按照模块分配，但在出现工作量不平衡的情况时，可以酌情调整一下，让活少的同事予以配合。但不管怎么样一定要指定负责人，他需要对需求负责，一直到产品上线后，出了问题他也要承担责任。要保证运营良好的工作责任制，需求管理才能健康运作。

4. 划定时间节点

许多产品经理会疏漏这点，总觉得有了需求就尽快去做。但这样的结果往往是需求总也做不完。

时间节点主要是指方案完成的截止时间（Deadline）。就是当前需求能够完整提交给开发人员的时间。如果没有这个时间，对需求的管理就没有意义了。另外，如果是要跟相关部门再确认、需要对用户调研及要统计各种数据再作判断，那么还要有调研或讨论完成的时间（Deadline）。

时间节点的划定主要还是按照方案的复杂程度，依照经验做粗略判断，在多次需求迭代后会越来越准。建议最长的时间周期不要超过一周，保证需求的推动进度。对于有严格上线时间的需求（比如很苛刻的老板需求、投资人需求、政策需求等），要倒推出最合理又富有余地的时间节点。

讨论完刚刚入池的一批需求，要再整理和讨论处于其他状态的（比如需要确认方案的）需求。会议结束，每条需求都会得到更新。

这里还有个建议。我们在这个时刻，一般会让负责的产品经理及时更新需求状态给需求来源方。当然，需求方十有八九会对进度不满意，这很正常，但除非需求方有确凿的理由外，我们不会轻易调整优先级和时间节点。

待开发阶段

有了确切方案后，要尽快跟研发的同事做可行性评审，这一步必不可少。如果缺少可行性评审，将会出现很多产品设计方案可行性差、需求频繁更改、产品功能不切实际的情况。

在可行性评审上完成的是对需求的大致评估，要做的有以下几件事情：

1. 方案本身的可行性

在技术方案上是不是能够完成？这是技术部门的同事要评估的问题。对于可行性评审里的方案未必是很精确的，所以要引导他们提出对方案实现细节的问题，一起弄清楚可行性。

2. 有没有更好的方案

要跟技术部门灌输清晰的需求背景，让他们也基于当前的方案去思考是否有更多可行的方案。方案未必能很快想得完整、周全，但他们提供的思路一般是可行性较高的。

3. 涉及的产品和技术环节有哪些

同样，要配合技术部门的同事判断会影响到哪些环节。尤其是很多公司产品线比较多，有可能存在牵一发动全身的情况，如果相关的产品同事和技术同事不知情，必然会延期，然后会扯皮、造成麻烦。再小的产品一般也会分前后端，所以要让技术的同事来判断有哪些人需要知情和参与评估。

4. 方案的成本如何

看方案需要多少人、多少资源、多少时间来完成，也要看方案在技术层面耗费的不太明显的成本，比如服务器成本、带宽成本给用户造成的流量成本等。

这些讨论结束，会议就能够输出相对比较严谨的可执行方案（或草稿）了。注意，如果会上遇到各种问题需要改日再评，也要确认解决问题的时间节点。

开发阶段

开发需求的次序，未必完全按照需求池里的需求优先级进行。前文提到，在可行性评审会上，我们会核算大致的需求成本。接下来就是拿成本结合需求的优先级得出该需求的性价比。

以在做上门美甲的产品为例，作为产品经理可能同时要面对很多需求，如下所述。

来自老板的：

- 实时记录美甲师的 GPS（要解决刷单的问题）
- 首页有点杂乱，不够简洁（纯粹视觉上的问题）

来自运营的：

- 要统计用户对每个 Banner 的点击率（看活动结束后的效果）
- 秒杀功能（下周就要做活动，通知发出去了，必须做）
- 需要提供给用户在线改单的功能（比如换样式，补差价）
- 提供私人订制的功能（包括用户上传图片、美甲师提供参考价、双方确认等步骤）

来自产品的：

- 用户下单时，支付失败后需要重新下单，不能继续支付，应做优化
- 下单步骤要跳转太多页面，应该集中在一页输入信息
- 根据关键词筛选样式的功能

这些需求结合我们在之前评估的重要紧急程度，设定的优先级如下（P1、P2、P3 优先级由高到低）：

- 记录 GPS：P1（记录 GPS 是为了防刷单，不然公司损失巨大）
- 首页简洁：P3（相对来说并不重要）
- banner 点击率：P2（对运营安排活动有重要作用）
- 秒杀功能：P1（通知已经给用户了，必须做）
- 在线改单：P2（现在是人工后台改单，运营人员特别不方便，消耗大量人力成本）
- 私人订制：P3（订制用户较少，不着急）
- 可继续支付：P1（体验差，无法忍受）
- 简化下单步骤：P2（大大提升体验，但目前可以接受）
- 筛选：P3（目前的分类功能比较完善，筛选是补充）

总结完需求，按照优先级分类，如图 8-4 所示。

P1	记录 GPS； 秒杀功能； 可继续支付
P2	banner 点击率； 在线改单； 简化下单步骤
P3	首页简洁； 私人订制； 筛选

图 8-4 需求的优先级示例

再根据之前在可行性评审会后跟开发的同事们讨论出的实现成本，我们也有个大致的排序（D1、D2、D3 按照实现成本由低到高排序）：

- 记录 GPS：D1（定时记录 GPS，并不复杂）
- 首页简洁：D3（排班布局会耗费大量时间）
- banner 点击率：D1（注入 log，很简单）
- 秒杀功能：D1/D3（可以分简单和复杂两个版本上线，难度不同）
- 在线改单：D2（功能交互比较复杂）
- 私人订制：D3（同样是功能交互复杂）
- 可继续支付：D1（页面改动少，主要是调试接口）
- 简化下单步骤：D2（还是功能交互比较复杂）
- 筛选：D3（后台逻辑需要做大的改动，数据处理也很麻烦）

整理后，按照需求成本分类，如图 8-5 所示。

D1	记录GPS； 简单秒杀； 可继续支付； banner 点击率
D2	在线改单； 简化下单步骤
D3	首页简洁； 复杂秒杀； 私人订制； 筛选

图 8-5　需求的成本排序示例

然后，可以把 P 序列和 D 序列做成矩阵图，如图 8-6 所示。

	D1	D2	D3
P1	记录 GPS； 简单秒杀； 可继续支付		
P2	banner 点击率	在线改单； 简化下单步骤	复杂秒杀
P3			首页简洁； 私人订制； 筛选

图 8-6　需求性价比的矩阵图

而有了矩阵图我们就可以从性价比由高到低的顺序，依次完成需求了。如图 8-7 所示，可以参考按照从 1 到 9 的顺序。

	D1	D2	D3
P1	①	②	⑤
P2	③	④	⑦
P3	⑥	⑧	⑨

图 8-7　需求矩阵完成的顺序示意

按照工作量确认了本次迭代的需求，提交开发之后，要关闭本次迭代的需求。也就是说，原则上本次迭代不再加入新的需求。

在开发中，“扯皮”的问题归纳起来有三种：需求太多，没按时做完；需求有改动，导致了额外工作量，引起开发人员的不满；有新的紧急需求，导致发布延期。

导致出现这三种问题的原因如下。

1. 产品方案不完整

方案不完整往往是没有考虑全面。这个跟需求管理本身没关系，就是在出方案的过程中看能不能把事情想全。

经常出现这样的情况，在实际开发的时候技术人员才发现某个逻辑没想通。再喊产品经理来一起讨论的时候，大家才发现需要加一些功能才能完善逻辑。最终结果就是周六加了个班，大家都很不开心。

这种事情也不好追责，毕竟参与者众多，流程拖得很长。

对于这种情况，各个流程中的环节都要做一些调整，才能确保最终产品方案的完整。

分析需求时，先梳理逻辑再出方案。能画流程图的画流程图，能画逻辑图的画逻辑图，能画脑图的画脑图，穷举整体的逻辑。

讨论方案时，所有产品经理参与小组讨论，一起提出疑惑，发现问题。

在做可行性评审时，技术人员要尽可能从逻辑角度提出质疑，多发现问题。

之后再出问题，会回溯原因。如果是前两个环节出的问题，那就是产品经理的责任；如果问题出在产品经理并不熟悉的技术逻辑，那就是在可行性评审中技术同事的责任。

2. 需求方的主观改动

这种情况基本上是需求方或者产品经理的问题，他们在提交方案前没有完全想清楚。有时候都开始开发了，业务部门来人说："我们发现这个问题好像不存在了，大家不要做了"。他们觉得无所谓，还减轻了开发人员的负担。但对技术部门的同事来说就好像是被耍了一样，过去的工作一下没有意义了，造成的影响是恶劣的。

产品经理在对接业务方或者其他同事的需求时要做判断，他们是不是完全想清楚了：是灵机一动的小点子，还是不得不解决的问题。

有一种情况是需求方跟产品经理对接时出了问题。表述有误并且方案没有跟他们核对清楚，结果产品功能上线后，才发现并没有解决问题。

另外，还有一点建议之前也提到过：要在需求（比如具体方案、时间点）发生变化时，跟需求方同步。让他们知道我们的情况，也获取他们的意见和建议。图 8-8 是一种需求同步流程的示例。

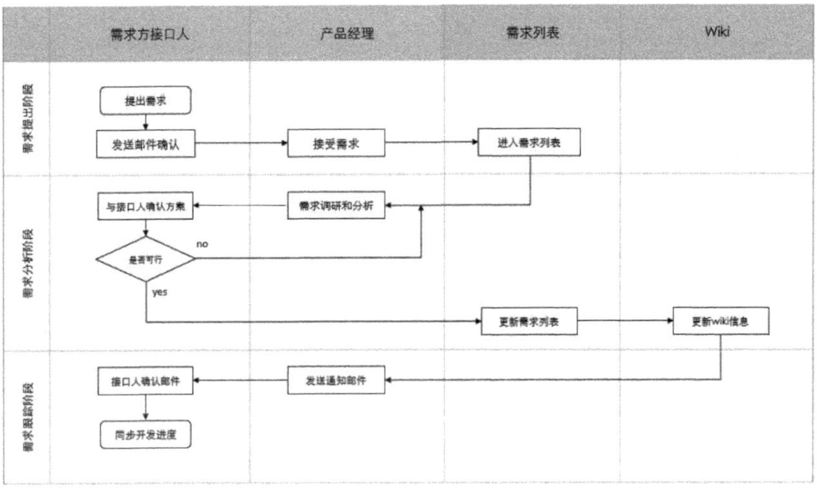

图 8-8　一种需求同步的流程规范

3. 无法预测的客观原因

无法预测的情况导致需求的变动引起一些问题，是客观上唯一能够接受的原因，不需要有谁承担责任。比如，本来要做一个功能狙击对手，结果做到一半时竞争对手倒闭了，那么这个功能就没有意义了，此时功能确实要废除。还有一些业务上的确无法预测的原因导致原本存在的问题不存在了。

在这种情况下，作为产品经理最重要的是安抚技术的同事，尤其是跟他们解释清楚背景和详细的原因，不要让他们误以为是产品和其他部门的同事办事不力造成的。

复盘阶段

需求从获取到上线走完生命周期之后，还要有一个很重要的复盘阶段，尤其是在需求管理出过故障和问题的时候。

负责任的团队都会有复盘的机制，主要是防止问题再次发生。解决问题很简单，完全规避下次再出问题则很难。要清楚之前出现问题的所有逻辑和流程，再去看在哪些环节可以做些什么，以防止问题再次出现。这块部分内容将在第 9 章着重讨论，这里就不展开了。

成长建议Ⅷ

从文档撰写到需求管理，一般都不是新手产品经理感兴趣的，毕竟看起来远不如创造一个点子、发明一个产品、设计一个界面更有趣味。

可是能够把产品做好成为称职的产品经理，文档撰写和需求管理反而是更加重要的。在实际工作中，如果真的有巨大的工作量，那么好的文档格式、好的需求管理方法能够减轻很多负担，让产品经理可以有精力来更关注产品设计。

要点反思

- 每个需求为什么在目前的位置和状态，产品经理应当了如指掌。
- 需求的各种变化、调整和意外，应该同步到整个团队。

第 9 章

工作流中的管理

Management is doing things right; leadership is doing the right things.

——Peter F．Drucker①

曾经有人问过我，产品经理可能经常会犯的错误有哪些。我想了想，整理了很多可能会犯的错误，但发现大多数问题是表象的。唯有一条是很多人常犯的而且发生时很多人甚至意识不到自己在犯错的问题——那就是很多产品经理在做“称不上有错的但未必是正确的事情”。

作为产品经理，我在本书最开始就提到工作内容不是标准化的。这意味着什么呢？一样规模的团队，类似的产品，同样岗位的产品经理却有可能在做完全不同的事情。

你用专业的任务管理工具来协作，他用 Excel；你画高保真的原型，甚至在用交互工具做出来，他可能只是在本子上画画草稿；你更关注管理层的战略决策和方向，他则关注用户的体验和场景需求……最后产品都做得出来。但哪个方法更好，常常没人去理会。

---

① 管理是把事情做对，而领导是做对的事情。——彼得·德鲁克

这就是源于刚才说的前提，对产品经理并没有严苛的规定说要做什么，那么大家就往往依着兴趣、依着团队氛围、依着习惯去做了。

我在整理自己过去几个月的工作内容时，总会发现有一些的确有用、但如果换成别的事情可能会更有用的事情。换句话说，实现一个目的有很多方法，但往往会选择最容易想到的而不是最好的方法。这样就导致花了大量精力在没必要的事情上，其一，你做的事情其实应该是别人做的；其二，你做的事情应该有避免重复劳动的更高效的方法。

在越健全的团队、越成熟的项目中，出现这种问题的伤害越大。在本章中，将跟大家探讨关于在工作各个环节中涉及的管理问题。

协作管理

在产品经理的职位要求里，无一例外都会提到“沟通能力”。协作、项目管理、产品跟进、迭代安排等，很多产品经理的分内之事。不过，单纯的沟通是解决不了问题的。

协作的核心在于，如何在同一个目标即“实现好的产品”下共同合作，实现共赢。在《高效能人士的七个习惯》一书中提到了“双赢思维”，描述了我们在人际交往中最重要的指导思想。

作为产品经理，跟其他部门的协作在很多情况下并不存在标准的答案，问题常常出在沟通不力、交流不通畅等原因上。所以在协作上要保证的是，每次遇到问题要让大家在情理都可以接受的范围内解决掉，而不是从逻辑上证明到底谁对谁错。

这里提供一些管理协作的方法作为参考。

与技术人员的常规协作

在第 8 章里，我们已经从需求管理的角度描述了跟技术人员之间需要协作的事项。其中可行性评审，以及后续的很多评审都是协作中的关键。

评审最重要的目的就是正式场合下的沟通，其意义在于：第一，确保产品经理对产品的要求传递给了技术人员；第二，确保技术部门的意见得到了表达；第三，双方对共同认可的内容予以确认。

缺了第一项，技术人员可能做错功能；缺了第二项，技术人员可能中途才发现问题，不得已返工；缺了第三项，最后出了事大家扯皮的时候可能发现不了问题，找不到源头。反思一下之前跟技术部门协作中出现的状况，是不是大多是这三种里面的一种呢？

对于较大的需求也就是较复杂的功能，建议多进行几次评审，拉长进入开发前的准备时间是有帮助的。

与技术人员协作的临时状况

常规协作显然不能覆盖所有情况，临时状况也会层出不穷。最常见的无非是紧急新增或者修改需求，以及要求提前上线。遇到这样的临时状况，势必引起技术部门的不满，因为绝大多数情况下会影响他们正常工作，导致加班，最轻的情况也可能让他们之前的很多工作白费。

所以这时候产品经理首先要安抚，不要拿“这不是我决定的啊”“你要有大局观”这样的话反驳同事，而是表示理解他们的情绪，帮他们想办法，如果加班，尽量也来陪同他们加班（这不是必须的，但是很有效的）。其次，再去解释原委，而不要一句话“就是这么要求的”来应付，要主动解释背景，最好是详细的并且有理有据的解释。技术部门的同事并不是不在意业务的，他们也会理解业务的困难，以他们的逻辑思考能力，当然也能知道业务上遇到的变数是怎样带来当下无奈的后果的。

总之，先动之以情，再晓之以理，事情就好解决。

与需求来源方的协作

需求来源方根据项目不同差别很大。作为产品导向的项目，可能几乎不会有外来需求。但目前可见的大部分项目还是会有营销、运营、业务等部门会提出各种各样的需求，这时的产品部门，更像是一个支撑部门。

跟他们协作，主要关心的重点是需求完成的准确程度和及时程度，所以也是类似跟技术部门的协作，要在需求管理的重要节点，跟需求来源方同步信息，确保他们认可你的方案及认可目前的进展。如果有异议，那么就在节点尽快解决，拟定解决方案。如果原本拟定的规划和推进的情况都没有问题，但需求方临时变卦或者有其他要求，那么就可以驳回。

如果是客观原因导致的完成情况有问题、有延期，也要跟需求方的同事有理有据地解释清楚，同样是动之以情、晓之以理。实际上，侯世达定律提到了，“做事所花费的时间总是比你预期的要长，即使你的预期中考虑了侯世达定律”。所以掌握如何在延期的时候安抚需求方，估计是每个产品经理必备的能力了。

双赢心态

前面提到了，在跟同事的协作当中“双赢”是很重要的思想。别小看这个耳熟能详的词，我们在处理很多事情时其实并不会意识得到“双赢”的重要性。

在很多语境里，产品经理和程序员都是对抗的关系，这让很多产品经理误把程序员当成“要处理的问题”。严格来说倒也没错，跟程序员有良好的协作确实是要认真对待、当成一项任务完成的，但把程序员本人当成问题，却容易把他们变成对抗的、有矛盾的一方。

在遇到问题时，有的产品经理首先想的是说服程序员，想要“赢过”程序员。有时很多问题是需要妥协的，在一些并没有太大影响的细节上跟程序员争执，看起来结果是你能取胜他们落败，但事情却往更糟的方向发展了。程序员会变得不信任你、不喜欢你，在未来的工作中，也视你为威胁。你会发现有的团队任何冲突都需要第三方调解，那就是协作上有严重的问题了，而且不会是需求功能方面的问题，而是由不信任造成的问题。

所以在判断事情如何解决最有利时，要确保是“对大家有利”以及“对产品有利”，而不是“对我有利”。这样的心态才能确保协作的价值最大化。

除了上述流程层面的协作之外，在具体的协作形式上开会和记录都是必备的工作环节。以下是一些建议。

开会

说到开会，我过去也认为没什么可多说的，就是讨论问题而已嘛。但随着会开得越来越多，我也慢慢体会到高效会议的重要性。如果一个会议没有有效地组织和进行，那么一大群人挤在一起浪费几个小时也是有可能的。不要小看几个小时，对很多互联网公司来说，支付这几个小时参会者的时薪也会是一笔不小的费用。

对于开会，有很多可以慢慢学习掌握的技巧。很多人并不注意会前的准备。其实如果在会前能够跟与会者预先通知大致的背景信息，甚至达成比较宽泛的共识，会议会进行得特别顺利。

会议通知邮件不要写成“各位，下午 2 点在会议室 2 开会，请大家按时出席”，这样是极糟糕的写法，完全可以做得更好，说清楚会议的主题和内容，以及大家需要提前准备的阅读材料。比如“各位，下午 2 点在会议室 2 召开‘校园群体用户需求讨论会’，希望大家提前做好准备，调研相关的信息。附件中有部分背景材料，推荐阅读。”

除了通知的内容翔实之外，还可以尽可能地与重要的参与者事先做一下沟通。尤其是比较重要的讨论会，预计会有很多矛盾和冲突要解决，如果提前能私底下达成基本共识，会上就能少费很多力气，因为毕竟在非正式的环境下氛围会轻松很多。

开会时最重要的是讲规则。规则有很多种，越多人参加的议题，越复杂的会议越需要规则。

最基本的规则有：

- 针对拟定的主题讨论，其他无关议题禁止讨论或者加会再讨论。
- 讲求发言顺序，不能争抢和吵闹，最好有主持人。
- 禁止人身攻击，避免太情绪化的讨论。
- 会议要对原定的主题输出结论，如果没有结论，要制定解决方案（比如由于信息不全面无法决定，要设立日期再议）。

这些基本规则可以保证会议顺利进行，也可以视情况加入更多机制，尤其是极为正式和重大的事项讨论。可以参考《罗伯特议事规则》一书中提到的很多基本的辩论规则和表决规则，多年来一直是美国国会和法庭上大家遵循的指导思想。

记录

对很多疲于跟同事扯皮的产品经理来说，记录可能尤为重要。大部分事后发现之前的环节出了问题时的扯皮，都可以用历史记录来回溯问题的源头。如果没有办法找到，也就死无对证了只好就这么过去。

产品经理接触的很多工作都需要知道思考的过程和结果，这些内容如果不记录下来，那么经过一段时间几乎不可能都回忆起来。记录的意义在于，任何时候在工作流程中的许多思考、分析和讨论的内容都可以沉淀下来。

作为产品经理，至少要对以下内容记录有所关注。

1. 文档

文档（需求描述）一般都会写，但很多产品经理对零碎的需求并没有记录，都是直接跟工程师们打声招呼，口头说一下或者在微信上提一句。

这样做是很危险的。

再小的需求描述也要有一定的记录，至少要在邮件当中有所体现。最好要求统一撰写完整的需求文档。

说到需求文档，大部分团队很少有把文档的整理和维护做得很好的，文档都是跟随迭代走，每迭代一份文档只关心当前修改的内容，没有针对产品完整的需求文档。这样对新来的产品经理、技术开发及各个部门的同事都是不够友好的，他们没有办法了解现在产品的全貌。对要查阅当前产品情况的老同事也同样是困难的。

所以建议在有余力的情况下，还是要把完整的产品功能描述文档整理好，产品有迭代时在上面做记录。

2. 会议记录

任何会议都要有记录。如果是小团队作战，在时间精力有限的情况下，可以简化格式但不能丢弃记录的环节。大致来说，记下主要的讨论节点和最终认同的结论就可以了。

会议记录可以找专人来记，也可以大家轮流记。会议结束后，实时发出，大家就可以依照这次记录的内容来执行已经认可的方案了。既然是大家认同的结果，那么邮件的内容就是执行的标准了，谁都不能赖账。

3. 想法和思路

有些稍纵即逝的想法和思路要及时记一下，以防忘记。可以用常见的在线笔记应用，也可以用纸笔记录。

4. 其他事项

产品经理在工作中也经常会遇到上述情况之外需要记录的场景，比如在写文档时有同事说了一个简单的需求，你可以先记录下来。比如跟技术部门的同事讨论出了方案，也可以做简单记录。总之，你觉得以后可能会忘、可能有回溯需求的，都应该事无巨细地做一下记录。

流程管理

有很多对产品经理工作流程的管理和改进，其价值可能远超我们的想象。

其实我们面对的互联网产品，从根本上讲就是用很多全新的组织方式在运作的，我们正享受着它们带来的高效福利。甚至从工业时代开始，我们就在享受标准化、流程化以及高效工作带来的好处。用几个字来描述它的价值，那就是——不用再重复造轮子了。

在软件开发中，有句广为流传的话：不要重复造轮子。意思是如果存在一些别人做过的框架和脚本，那就不要花费时间自己再去写，不用再重复别人的工作了。

对产品经理来说，为达到不重复造轮子的目的，有几种方法可以参考。

第一，让协作标准化和流程化。不管是产品内部协作还是部门间协作，很多工作是可以标准化形成流程的。大家恪守同样的规范协作，效率必然是最高的。

第二，减少手工劳动。如果你发现大量的时间花在毫无价值的手工劳动上，那就要反思是不是要想办法解决这个问题了。

第三，让一些工作可复用。复用也是软件开发中经常用到的词，指的是可以重复利用在别的地方。产品经理的很多工作其实也是可以复用的。

第四，避免重复犯错。遇到问题时解决问题自然很重要，但避免下次再犯更加重要。

让协作标准化和流程化

协作里面大家最讨厌的就是扯皮，无休止的争论和辩解特别低效，问题最后能解决但过程都很痛苦。让一些事情变成标准，大家对某些原则达成共识，遵守同样的规范就会有显著改善。

把一些东西做成流程，要在合适的时机，用合适的方法。有的产品经理太过于追求刻板固定的方法，四处找人问："什么样的方法最好呀？""该用什么协作工具啊？""文档该怎么写开发最满意啊？"然后把别人的经验直接拿来复制，结果可想而知。这也是为什么很多中小规模的团队，一直反对使用大公司的协作流程的原因——成熟的机制并不适合所有情景。

还有些产品经理则矫枉过正，不喜欢标准化的思路，只喜欢解决眼下的问题。有了"坑"，要去想怎么"填"，而不是去想怎么用机制来解决掉，这样下次还是会犯同样的错误。

所以掌握该让协作流程化的时机，是需要产品经理的深入思考和尝试的。当你意识到很多问题正在重复出现，很多协作沟通的规范能带来显而易见的好处时，就应该是尝试制定规范的时候了。

我就遇到过一个印象深刻的例子，事情发生在跟业务部门协作时。起初我们提需求、安排需求的流程是空白的，也就是大家经常口头去提，甚至在哪天坐电梯碰上了，就随口一说，产品经理答应下来就着手去做。在刚开始需求不多、功能简单的情况下，倒没出什么大问题，但随着提的需求越来越复杂，参与协作的人越来越多，这么做就不合适了。经常出现我们做的功能他们不满意的情况，从他们的角度看，是我们产品部门不积极配合完成他们的需求，而从我们的角度看也很无辜，我们是按照他们的意思在按部就班地做。

后来针对跟业务部门的协作，我们制定了以下规范：

所有需求必须通过邮件提出。否则，不予理会。（目的：为了记录需求内容和明确责任人。）

业务方的需求提出者是固定的接口人，不接受其他人的需求。（目的：业务方过去经常在未达成内部一致的情况下提需求，造成麻烦。）

产品这边接收方也设立固定的接口人。（目的：防止需求重复设计、由一个人统筹外来的需求。）

需求的状态每周固定时间发布。（目的：让需求来源方放心，了解需求正在推进的状态。）

有延期的需求，发送邮件给相关需求方，告知原委。（目的：让需求方了解延期的原因。）

此后，虽然偶尔还是会发生少量的扯皮，但整体协作顺畅了很多，看似是多做了一些工作，但总的来说从实际上减轻了大家的负担。

减少手工劳动

很多产品经理意识不到有些手工劳动是可以想办法抵消的。最有代表的例子就是对工具的运用。

在最早做产品时，我经历过最简陋的需求管理是用 Excel。大家用一张表传来传去，维护起来极不方便。更重要的是没有改动的记录，也没有提醒，很多工作都要人工完成，Excel 表格实际只提供了单纯记录的作用。

后来我们开始用 Google Docs 的表格做记录就好了很多。我们每个人可以在自己的电脑上对同一个表格编辑，这样就初步达到了协作的目的。但还是会有些问题，比如 Google Docs 的网络不稳定、搜索筛选不太方便等。

再后来，我们发现有一款在线协作的产品能更好地解决需求管理的问题。不仅能协作，还能有更改记录和重要提醒，有不同的权限设置，以及各种各样的筛选搜索方法。最终，这款产品让我们大喜过望，在此后的工作中，需求管理比最初要高效不知多少倍。我们开玩笑说，果然技术是第一生产力。

在 iOS 上有一个应用叫做 Workflow，推荐给大家使用。如果你能掌握用 Workflow 完成一系列手机操作的方法并理解它的精髓，那么你就能明白工具是如何通过减少手工劳动让工作变得高效起来的。

除了要学会发掘能够替代手工劳动的工具之外，还可以学习一些好用的脚本代码，在数据处理方面会有奇效。有很多计算机专业出身的产品经理经常自己快速处理数据，能节省很多工夫。在过去时间比较紧急的时候，我们的产品部门要修改文案，为了节省时间，产品经理甚至亲自去代码里做处理。

让一些工作可复用

在软件开发中可复用是极为重要的概念，在 UI 设计中可复用不仅意味着节省工作量，还意味着视觉逻辑的统一。产品的工作类似于后者，可以有一些参考。

例如，最简单的是在做原型或者交互时，可以有很多元素和模块做成可以重复利用的，不用每次都花时间考虑制作。再比如，在制定一些话术或者文案时，先考虑一套大概的逻辑，警告、提醒、解释说明等不同类别的文字应该怎么表述，有了一定的规范，后续再有新的设计就可以快速完成、不用从头考虑了。

避免重复犯错

前文提到了，在遇到问题时解决问题固然重要，但避免下次再犯同样的错误更加重要。在工作中，问题的出现意味着期望跟现实有脱节。虽然可以简单粗暴地说是“做得不够好”，但这并不是找到根本问题的方式。有时即使我们尽了最大努力，事情可能还是会出问题，可能存在于流程中、存在于其他环节。我们可以尝试先找出哪里出了问题。

第一，犯错是由于疏漏所致。疏漏是指并没有意识到、没有想到会出问题。比如逻辑不健全，比如应该跟谁确认的步骤没有去做等。疏漏在直觉上是要通过“以后多注意”来解决，但更多情况下的疏漏是需要去做些实际的改善去解决的。逻辑不健全可能需要分析没考虑到的原因，也许是逻辑链条的某一环根本没注意到，要把功能逻辑多做拆分，就会知道以后思考类似问题时，思路是怎么样的了。

而对于某些遗漏的环节，可能需要通过制度或者流程机制来解决。把整个流程步骤梳理出来以后，严格按照这个步骤的顺序去做，那么到了该跟谁确认的环节就肯定不会有遗漏了。

如果涉及比较严重的事故，那么可能需要参与的所有成员一起开一个复盘会议，大家共同商讨出现问题的原因、责任人，以便梳理出一个切实的解决方案。

第二，犯错是由于信息不全面、知识不完备所致，并不是意识不到，而是根本不知道这个问题的存在。很多产品经理会掉到这个坑里，尤其是在做涉及传统行业的产品，知识需要更新，不然就会按自己想当然的方法去做。

这样的错误想避免，当然不难，方法就是不断学习。产品经理不应该只关注需求本身、设计本身，更要关注信息的输入。功能只是输出，足够的输入才能带来良好的输出。

第三，犯错是由于没有责任心所致。原本可以做到不遗漏，也具备了相关的知识和信息，但仍然因为不够上心出了问题。这才是大家常说的“做得不够好”的情况，这时产品经理就需要提高自己的责任心了。这样的情况比较严峻，可能要自己做反省和检讨，看心态在哪里出了问题，是不是该做些调整。

第四，犯错是由于能力无法胜任所致。这种情况是许多产品经理忽略的，因为我们都会对自己有些盲目的自信。但很多任务我们完成不了，到处都是问题，则很有可能是因为我们的能力所限。在这种情况下，要积极配合团队，看如何做调整，比如考虑是否补充更多专家和有经验的人进入团队。不要贸然上阵、继续折腾，否则最后你得不到成长，对团队也产生不了价值。

个人管理

不懂对自己的事务进行管理的产品经理，绝不可能成为优秀的产品经理。有些人直到高中（有的人则是大学）都一直在被人管理，白天按照规定上课自习，晚上按照规定完成作业，每个阶段的学习都是老师规划好的内容，再按照规定参加考试。有的人失去别人的管理立刻就变成了无头苍蝇，不知该做什么。很多人表面上似乎在努力学习、工作，但最后却毫无收益。

产品经理的个人事务繁多，轻重缓急不一，更需要掌握良好的自我管理能力。清楚自己在做什么，并且了解未来一段时间内应该做什么。而那些没有时间观念、没有自我管理观念的人，就算天天熬夜、日日勤奋，也只能获得毫无意义的充实感。

任务管理

个人管理最基本的就是规划好未来要完成的任务并且做好记录，有需要提醒的任务，还可以用邮件或者手机通知等方式来设置提醒。

对需求的管理可以类比到个人任务的管理中来。对任何任务，心里要做一个优先级的排序及性价比的排序。它是最重要的吗？它有时间要求吗？心里有了分析，在自己的任务列表里体现出来，再按照排序去逐一完成。

这些方法很多人都懂，只不过我们经常会掉进一些陷阱。

1. 把表现出来的焦急当成任务的紧急程度。

我们接到的任务或者自己给自己定的任务，经常会受到情绪上的影响。A 每天催我们两三次，B 一周才催我们一次，我们就习惯性地以为 A 更着急，把他给的任务当成更重要的。或者我们自己对任务甲的兴趣更大，潜意识里就给它比任务乙更重要找了很多借口。

2. 把充实感当成完成任务。

在工作到我们身心疲惫的时候，总是会产生充实感，觉得我们做了很多事情。可是任务的完成并不以充实感为准，而是以真正产生的作用为准。做调研时分析了一整天报告，看得眼都花了、手都在抖，认为调研任务圆满完成了，但其实反思下来并没有看到几篇有价值的报告。要反省这么劳累还没有产生价值，是不是调研的方法有问题，而不是自我感觉良好。

3. 眼光不够长远，只做半衰期短的事情。

用半衰期长短和收益大小一起来衡量事情的价值，是采铜在《精进》里提到的。半衰期长是指带来的收益可以持久地对我们产生影响，而半衰期短则是短暂、甚至一次性地对我们产生影响。

因此在衡量事务之间的重要程度时，不要只看它们带来收益的多寡，更要看这个收益的持续时间。比如遇到了问题时，读几本理论艰深的产品方面的书自己去考虑解决方法，当然不如直接找到前辈询问建议来得实惠。但长远来看，显然就不是这样了。

4. 不设截止日期。

无论多么不紧急的事情，一定要设定截止日期。不然任何紧急的任务都可以插到前面，所有不紧急的任务都无限期地延后了。

对一个不紧急的任务设定了截止日期后，肯定不是马上开始动手做的。但快到它的截止日期时，这个任务就变成了紧急的、必须要完成的任务。我们都遇到过那种想学一个技能却拖来拖去发现最终干脆放弃了的经历，这就是因为我们根本没有规划、没有给截止日期造成的。

5. 不检视效果。

除了把充实感当成任务完成的标志之外，还要不断反思、复盘每件任务完成的效果是不是达到了目的，或者以怎样的程度完成了设想。跟前文提到的工作流程中的复盘一样，对自己处理事务的方式、方法也要有把控，把任务拆解开来找出做得不够好的地方，然后判断如何做得更好。

知识管理

知识管理指的是要把很多知识、信息记录在案，方便以后查阅。这是基于一个假设：我们不能记住全部所学、所见的知识。这个假设在我接触到的产品经理中是广泛存在的，大家都很少有天才般的过目不忘的能力，那么把接触到的有价值的信息记录下来就是必要的。

所幸我们生活在信息时代。在用电子设备之后，我们处理信息最方便的一点不是能够快速复制，也不是能够大量存储，而是我们可以让信息结构化并且可快速检索。

过去用纸、笔记录内容，我们只能按照顺序来写。如果要分门别类，甚至有多级层次记录，那么只能拿一大堆本子分别来记。记完之后想要查询，也特别麻烦，可能会一时想不起记在了哪里。

现在我们可以把内容快速整理到不同的层次结构里，可以有富文本的格式，可以贴图贴表格。在检索的时候也能全文搜寻，快速定位到要找的内容。

图 9-1 就是我在 Evernote 中专门用来记录产品方面知识的笔记本，我会把不同的知识点和资料丢进对应的模块里。在定向复习和思考对应问题

时，就能很快地找到辅助的材料了。

图 9-1　在 Evernote 中的笔记

再比如，我还会在 Evernote 中整理自己的书单，平时遇到一些好的书都记录在案。如图 9-2 所示，就是互联网相关的书单里的一部分，对已购买的电子书标记#，纸质书标记*，已读的根据读的情况标记不同颜色。整理了有几百本书的书单，让我在制定读书计划时轻松了不少。当然，我用的是自己习惯的比较笨拙的方法，相信各位读者一定会有更好的整理手法。

数据、需求

《统计数字会撒谎》达莱尔·哈夫
《信息简史》詹姆斯·格雷克 *
《用户体验度量》*
《设计调研》*
《统计陷阱》
《探索需求》
《需求：缔造伟大商业的根本力量》
《巴菲特教你分析财报》
《谁说菜鸟不会数据分析》
《深入浅出数据分析》
《大数据时代》#
《数据新常态》#
《决战大数据》#
《大数据》涂子沛 #

图 9-2　互联网相关书单的部分截图

在获取资料时，可以善用一些 Evernote、有道笔记等工具的一键摘录功能，或者一些 read it later 的工具，然后定期整理这些收录的文章。

团队管理

每个产品经理在工作到一定阶段之后，都不可避免会要学着带人，成为团队 leader。常见的关于团队管理有两种误解：领导就是专业技能更强的人、能力足以服众就行；领导只需要做好管理，没必要理解业务。

其实作为产品经理的团队领导，要做到的是在专业技能上服众的基础上，掌握一定的管理技能。

- 专业技能服众

《纸牌屋》里有句话“你得先学会划船，再去学掌舵”。作为船长，可以不去做水手的工作，但不能不理解水手的工作。

我熟知的产品经理主管很多都不会亲自写产品文档，但仍然会对团队里的产品经理撰写的文档进行审核。在这些主管中有自己写过几年文档的，就可以立刻看得出文档中的错漏。只要他们还能在产品文档中看得出问题，那就证明他们的专业技能是在能服众的状态。

如果一个领导每次都表示对下属的工作很满意，那他不会是一个合格的领导。至少对于这个下属来说，在这种没有成长的环境中，对自己不会有帮助。很有可能的情况是他很快就打算申请更换部门，或者干脆离职了。

- 管理技能

在《领导梯队》里，作者提到了作为领导应具备的三个管理能力为：领导技能、时间管理和工作理念。

领导技能是指一些要修习的专业技能，包括制定团队规划、对团队成员的工作进行评估、营造好的工作氛围、为团队获取必要的资源，等等。

时间管理在上一节就提到了，对领导来说在关注个人事务的同时，还要关心整个团队的任务，懂得怎样评判任务的优先级和时间规划，并且恰当地安排给合适的人。

工作理念则是最重要的。作为领导要转换思路，把团队的得失当成自己工作的得失，借由他人成功而不是自己成功。很典型的例子是当下属遇到问题时，不要自己冲上去说“还是我来吧”，而是要指导下属注意哪些事项，指导其把问题解决掉。作为领导，带出一个优秀的下属，比让自己优秀重要。

成长建议Ⅸ

本章所讲的都是产品经理日常工作中会忽视的，但却异常重要的地方。一个好的产品经理应当对自己正在做的事情有清晰的认知：我在做的事情是正确的吗？我在用好的方式做吗？我能用什么方法让它更高效吗？

对自己工作方式有了认知，就能有针对性地进行改善。要学习关心协作中的问题，以及个人工作中的问题。

要点反思

- 好的产品经理不仅要自己有执行力，还应推动团队提升执行力。
- 要始终避免浪费生命在无意义的劳动上。
- 出现了任何问题，避免以后再犯跟解决当下的问题同样重要。

第四部分

技巧和方法

在产品经理工作中，有些技巧和方法不一定是必需的，但可能是非常有效的。掌握一些可以重复使用的思维方式、沟通技巧、自我激励的窍门等能减轻我们很多压力，使我们快速成长。

第 10 章

处理问题

It's not that I'm so smart, it's just that I stay with problems longer.

——Albert Einstein[①]

产品经理乃至各行各业的人的日常工作就是处理问题。老师在处理怎样让一个知识讲得更容易让大家接受的问题。医生在处理病人身上出现的问题，以及该用怎样的疗法更合适的问题。不过，不同的地方在于大多数的职业或者岗位在处理问题时，每个阶段的投入精力是完全不同的。

对于更多的传统行业，“处理新问题”的情况远远少于“处理常见问题”的情况。或者说在很多情况下，他们在解决问题时要花费大量的时间和精力，但并不需要在发现和分析问题上付出太多时间。

例如，一位有一定经验的老师在遇到调皮捣蛋的学生时，要解决如何让他更听话的问题，他也许已经有了惯用的方法了。所以在不同阶段的情况是：

发现问题：哪天看到了这个学生在调皮；有很多学生来打小报告。

---

① 我并非聪明，只是在问题上花的时间比较久罢了。——爱因斯坦

分析问题：这是个怎样的学生？他因为什么调皮？要用什么方法来解决？

解决问题：用之前惯用的方法尽快跟他沟通或者请家长等。

如果他从业二十年，可能后面十八年处理的学生问题都是一模一样的。就花费的时间精力来说，前两个阶段也许很短，如图 10-1 所示。

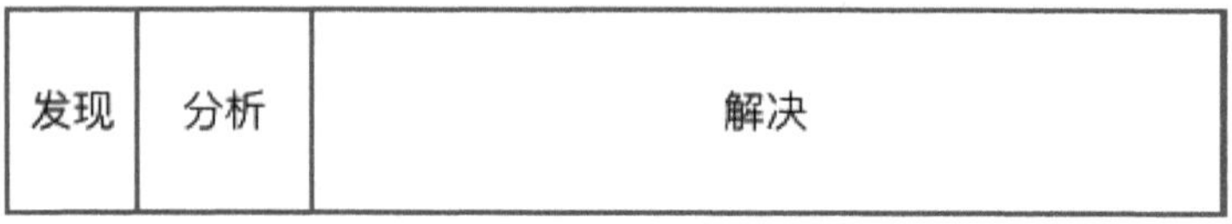

图 10-1　处理问题不同阶段的支出（以老师为例）

对于一个项目的开发工程师，我们也可以说他平时的工作就是在处理如何实现一个功能的问题。他在不同阶段的情况是：

- 发现问题：跟产品人员沟通，弄清楚功能实现的细节。
- 分析问题：研究具体实现的方法、代码框架结构等，捋清楚逻辑。
- 解决问题：用代码完成实现。

图 10-2　处理问题不同阶段的支出（以工程师为例）

对产品经理来说情况则是完全不同的。在跟工程师同样的工作周期内，他可能要处理的问题会更多，在发现和分析问题的过程里也要耗费大量的时间精力，如图 10-3 所示。解决问题类似术层面的能力，可以快速习得，对同类的问题可以用同样的方法解决掉。

发现	分析	解决	发现	分析	解决	发现	分析	解决

图 10-3　处理问题不同阶段的支出（以产品经理为例）

很多产品经理并没有处理问题的思维，如果把自己的工作当成固定的流程去走，自然就会出事故。而有处理问题思维的产品经理会更容易把事情推进下去。

道理很简单，比如有的产品经理按部就班在做文档，结果工程师表示文档并不合理，但这个规范是早就存在的了，前一种类型的产品经理就会觉得这是工程师不合规矩，也不在自己职责范围内，因此就搪塞过去了。而后一种类型的产品经理会知道这是在产品工作中的关键环节，它构成了一个产品工作中需要解决的问题，所以要专门对它进行定向研究，以便分析、解决它。

本章将讲述一些在处理各种问题时，可能有帮助的技巧和方法。它们可以构成产品经理做事的基本方法论。

发现问题

我们都不喜欢疼痛感，但我们知道疼痛感对我们的意义，它让我们意识到危险并及时作出反应。没有痛感的人，当然也不会在乎受伤，但同样要忍受无法了解危险的麻烦。

问题也是如此。产品经理在很多时候的确是有了“痛感”，被问题逼迫着往前走，才去做某些事情的。比如，跟开发工程师的协作导致进度延期了，所以不得不反思协作的问题；比如，如果功能上线后没人用，那么就会去考虑怎么解决功能不能满足用户的问题。

但那些不会让产品经理“疼痛”的问题，如果不去主动发现的话，就会永远存在。作为产品经理，要有主动发现问题的意识。很多问题并不会让你有切身的感受，它们是最危险的问题：把产品做得一塌糊涂都不知道问题出在哪里。

这种潜在的问题，产品经理要发掘出来并且把它们定义清楚。如果你经常要回答别人问题，就要知道问出一个好问题，不比回答一个问题简单。2016 年 6 月最受瞩目的互联网问答产品“分答”中，问问题的人和回答的人会平分第三方听众支付的费用。问得好的人，同样能赚得盆满钵满。

在《学会提问》一书中说过，“学会提问才能学会思考”，我们要先明白问题在哪儿，分析清楚了再去动手，方为良策。

什么是问题？

在工作中哪些事情算是问题，需要我们解决的呢？答案就是有跟我们的预期不符的状况，那就是我们需要解决的问题。

如果我们做的功能，本来预期会有 10 万人用，结果只有一千人用，那就是出了问题。如果本来预期的进度出现了延期，那也是出现了问题。我们跟同事之间的交流并不如预期顺畅，那也是需要解决的问题。

任何达不到预期的事情，我们都要考虑是不是真实需要解决的问题。

要能够很好地发现问题，我们应该做到以下几点：

1. 在工作中对任务要有预期。

所有的工作，从用户研究、需求分析、功能设计再到推进实践，都要对正在做的事情有预期。有了预期，才能敏锐地发现问题。

没有预期，只顾着闷头去做，那结果就是也说不出哪里好哪里不好。自我感觉良好的人会觉得目的已经达到；总是忧虑的人则会觉得哪里不对，但也意识不到是什么原因造成的。

没有预期的任务，只能带来没有意义的充实感。可能忙碌了一天，以为自己做了很多工作，但经过一段时间却仍找不出问题出在哪儿了。没有问题，就像没有痛感的身体，非常危险。

预期就是目的，或者说我们认为的“对的”结果。预期可以贯穿在所有的工作中，未必只在考察目的时。完成迭代是目的，但在实现目的的过程中，我们还有很多预期，例如要跟大家顺畅协作、要保证功能实现的质量等。每项预期都不出差错，才能说这次迭代没有问题。

2. 敏锐地察觉到与想象不符的状况。

前文说过了，大部分问题都不会主动出现，我们要敏锐地去发现哪里有问题。有很多潜在的预期和想象，我们在确立任务之初并不能完全列出。但在工作中，我们是能够洞察到的。

比如，在做用户访谈时发现问题，用户提供的答案会有很多偏差，都没有回答我们想要了解的信息，结果就是肯定也产生不了价值。这时要及时意识到这跟之前预期的用户访谈不符，如果继续把访谈进行下去，只是徒劳和浪费精力。

3. 不应关心没有预期或与预期差别不大的状况。

如果在事先没有做规划和预期，心里也对一件事情的效果没有预想，那么当遇到“可能觉得不对”的情况时要特别慎重。我们的主观判断经常会出错，尤其在自己并没有预期时，别人的评价很容易影响我们的判断。事先没想太多就开始做了，结果身边有人提醒说做得不好，但却没有什么是好的定论，那样就会误判问题，然后做些毫无必要的事情。无法确定情况究竟怎么是对的，那就按照目前的方式先进行下去，视结果调整方法，而不是不断在没有预期的情况下去提出问题。

另外，预期只要认定是合理的就不应该轻易变化。比如，原本结合实情认定用最简略的原型图就能完成任务，但画到一半有人说："我平时用Axure效果更好啊。"所以就以为自己这样做的是错的、有问题的。这显然很荒谬。

4. 问题是合情合理的吗？

当提出一个问题后，要反复问清楚自己：它为何能够构成问题？也就是要对问题的背景有信服的说明。

比如，我遇到过有的团队比较在意很多形式上的问题。例如，是不是每隔一段时间要去团队建设？是不是应该设置打卡的机制？是不是要参加什么沙龙和行业聚会？是不是要做工牌要搞企业文化？

这些问题脱离了背景和逻辑就不构成问题，它们必须有逻辑上合情合理的支撑，才值得我们去关注。如果只是有"缺失感"或者"匮乏感"去解决某些形式上的问题，那么毫无意义。

问题的合情合理意味着不仅要有能说服自己的理由，还要有能说服别人的理由。不能只提出问题，却不负责证明问题的合理性。

5. 问题是真实存在的吗？

不仅要说明问题的合理性，还要说明问题的真实性。在这个阶段并不需要做多复杂的验证，只需简单确认问题是真的就可以了。

认为迭代中出了问题，可能是协作不通畅、开发工程师那边不积极配合等，这自然是问题但不要着急解决，先去了解一下是否是真的不积极配合造成的。如果不是开发工程师的主观原因，而是信息不对称造成的，那么这个问题就应该调整，之前的问题就是有误的。

把问题描述清楚

在开始提问题时不要着急把问题抛出来，要想清楚问题所涉及的内容。

把问题本身考虑完整，再进行下一步的分析。

1. 考虑问题的背景。

在考虑问题的合理性和真实性时，我们其实已经在考虑问题的背景了。问题的背景意味着问题所处的时间、环境，以及相关联的信息。

同样的问题在不同的背景下，可能就不是问题了。比如之前在做上门美甲产品时，我们正在解决一个很头疼的现场下单操作流程问题，但当我们判断现场下单只是配合营销活动的临时功能并不会长久存在时，那这个问题的背景就变了，变成了不需要完美解决，甚至根本不需要解决的问题了。

2. 考虑问题涉及的人。

工作中问题的产生大多出于我们自身，但也有涉及他人的问题。有的问题是我们自己能够解决的，有的问题是我们需要他人配合来解决的，有的问题则是完全要依赖别人解决的。把相关的人列出来并且确认之间的关系要害，才能够在后续分析和解决问题时得出靠谱的方案。

3. 考虑解决问题的期望。

如果没有预期，那么问题也就不存在了。问题的存在代表着我们希望事情做改变，而如何改变则来源于原有的期望。

对定量的问题，要有量化的指标；对定性的问题，也要有具体的对于“好”的定义。

比如，我们看以下三个问题：

- 跟技术的协作不够好
- 功能 A 上线不受欢迎
- 文档写得太简略

以上都不是完整的问题。好的问题应该是：

- 跟技术的协作在可行性评审中出了问题，经常导致开发延期（不延期就是解决了问题）
- 功能 A 上线后用户使用率只有 10%，至少应该达到 50%（达到指标就是解决了问题）
- 文档写得太简略，逻辑流程图有缺失（流程图补全就是解决了问题）

案例 1

在创业团队中最常出现的一个错误判断就是：如果加班太少，就意味着这个团队不努力，或者意味着项目将会进展不顺利。很多创业者认为，加班太少就是严重的问题，而不主动加班的员工是不思进取的人。

不加班到底是问题吗？单说这句话是没有意义的，所有的问题是否成立，要看背景及当时的预期。从概率上说，创业项目的时间紧迫程度和资源紧张程度会要求创业团队的工作时长确实应该比普通的有一定规模的公司要多，大家会更辛苦一些。但不能仅仅因为这个原因就觉得所有的不加班都是问题。

加班是为了赶进度，但有时不加班也并没有耽误进度。如果项目是在稳步推进中，并且所有时间点契合得完好，大家每天工作效率高、状态好，那就没有必要都拖到半夜甚至凌晨才下班。

另一方面说，长期的熬夜和加班必然会降低效率。剥夺大家的休闲时间，看似是延长了工作时间，但时间不等于效率。由于干劲不足、注意力下降，导致总的输出反而减少了。

有的创业团队会把加班当成规定，或者至少是潜在的规定（宣扬一种不加班就不是好员工的价值观），这样的结果经常会是，大家都在白天放慢工作节奏、故意拖到晚上，最终不光浪费大家时间，还白白耗费公司的资源。

一旦这么去考虑，就会知道不加班只是形式上的一种貌似不算好的表现，背后具体有没有问题要看具体情况，不能把看起来不好的事情就判定是有问题。

发现问题的主动性

最后，还想聊一下刚才说到的主动性。没有痛感也要主动发现问题，这是产品经理的基本素质。

没有发现问题的主动性是“懒”的一种表现，这样的懒往往都是极其隐蔽的，可能是习惯被动解决问题（习惯痛了才去做），也可能是缺乏自驱力（将在最后一章讲到）。

我之前就有过类似的经历。有段时间的迭代开发推进缓慢，经常出现延期或者上线后暴露出严重 BUG 又有大量返工的情况。这时，产品经理往往有两种应对：

第一，认为这是周期性的偶发事件，静待一段时间观察观察再说。

第二，找自己的领导或者技术部门的负责人沟通这件事，跟他们同步这些情况。

就在我犹豫应该选择哪种应对方式时，我的直属领导已经发现了这个情况，他找我谈了一次话，我才意识到其实还有第三种方法——

去发现问题出在哪里，尝试解决，或者协助别人解决。

后来我们跟技术部门的同事们私下沟通交流，知道他们是对公司战略方向不熟悉导致对产品功能有了反感，以及对团队失去了信心，这是问题所在。于是我们找老板和主要产品、业务负责人给技术部门的同事不定期地举办战略方向沟通会，在会上把他们期望了解的信息、希望表达的意见都提出来讨论，互通有无，最终问题就得到了解决。

在产品经理的各项工作中，很难定义哪件事是应该做的、哪件事是不该做的。作为最熟悉产品和团队的人，要成为能主动发现各种产品和协作问题的人。从过去经历过的团队看，优秀的产品经理都是大家口中的“事儿妈”，从食堂建设、招聘流程，到门口的公告、垃圾桶的摆放方式，都会忍不住去推动解决其中的问题。

分析问题

如果要把所有产品经理需要具备的能力排个优先级的话，我觉得分析问题无出其右。

也许你也曾经有过这样的体验。在跟有些人聊天时，他能瞬间明白你的意思，并且快速说出得当的回答。这时你有压力，感觉自己大脑也要快速转动才能跟得上跟他的聊天节奏。而在跟另外有些人聊天时，往往说三遍他都未必能理解你的意思，多次解释之后，他大概能领会三分之二，还常常词不达意，此时你便会觉得兴味索然。

在参加一些演讲或者讲座时，演讲者在问答环节，听完提问者说的问题后，经常会先说一句：“那么，我总结一下这位朋友的意思，是说 XXX。”如果仔细去对比，你能发现很多演讲者对问题的提炼都是很精彩的，他们能够瞬间对问题作出分析，找出问题的本质，用一句话把提问者问题的核心表达清楚。

对我来说，思考和分析问题简直是现在工作中最棒的体验。就好像回到中学，在解答棘手的数学题或者物理题，看起来头疼，但随着分析深入，慢慢有了眉目，最后得到答案时感觉畅快淋漓。

对初入门的产品经理来说，可能做设计是乐趣。但有了一定经验后，设计只是表象。解决棘手的问题时，你会发现能够看透问题、得到方案，才是更大的乐趣。

抽象问题

近代史上，人们对物理学的意义经常存在疑虑：探索世界的本质，除了满足人类的好奇心之外，还有什么其他价值吗？

那时的很多物理发现似乎都离实际应用很远。对数学来说同样如此，近代数学的很多数学研究都没有很快体现出它们的价值。

但我们知道，数学上的很多研究后来支撑了爱因斯坦的工作，而相对论对卫星定位的准确性有着重大意义。在后来火箭发射、计算机制造以及人工智能领域，数学和物理都起着至关重要的作用。在这些领域很多问题都抽象成了物理问题，物理问题抽象成了数学问题，一步一步得到了解决。

我们分析问题时，也需要借鉴这种方法，把复杂的问题抽象出容易理解、方便解决的本质。

比如再说到协作问题，跟技术部门的同事很难相处，通过了解实情，发现是经常有需求改动让大家情绪不好，再加上产品经理平时沟通时不太注意方式，让技术部门的同事有反感。这样的问题应该怎么解决呢？

可以说，不信任感是这个问题抽象出的本质。未必需要想尽办法去解决频繁改动需求的问题，也未必要让产品经理以后必须处处跟技术部门的同事退让。关键在于技术部门的同事对产品部门产生了不信任感，要想办法去消解这种心态才是最重要的。

比如大家最近干劲不足，好像没什么动力，主动加班也逐渐变少，工作效率低，工作输出的质量差。这时不要着急去问别人“你们公司是怎么做的呀？”也不要着急去发福利、做团建，更不要强制加班，而是要去关注问题的本质。抽象出来的原因可能是大家各自有不同的诉求，有的人是家里有变故——要多提供关怀、不要施加压力；有的人是对工资不满——判断是不是跟 HR 部门沟通涨薪；有的人是觉得挑战不够对工作内容不满——想办法调整岗位或者安排更重要的任务。

在产品设计中，抽象的能力更为重要，把产品解决的本质问题弄清楚会一目了然。

淘宝的产品经理在考虑给买家和卖家提供怎样的功能时，通过抽象问题，考虑了三种不同的供需关系场景。

如果商品供应量远小于买家需求量，那么要给有需求的买家提供预订、咨询和订阅提醒的功能；对卖家，则提供相关情报。

如果商品供应量约等于买家需求量，那么要细分人群，提供导购产品。

如果商品供应量远大于买家需求量，那么要给买家提供优质商品和卖家的推荐及促销活动，给卖家提供营销工具。

在做平台的时候都要考虑供需，美甲平台要关注美甲师服务能力和美甲用户需求的平衡，配送平台要关注商家订单量和运力之间的平衡，本质都是一样的。这样抽象出本质，用几个概念就把事情说清楚了，不用复杂的解释也不用讲多少故事。

案例 2

在我们组建团队刚刚开始思考上门美甲的产品模型时，就发现了一个上门服务都很难避开的问题：如果美甲师见到了用户，交换了联系方式，之后绕过平台私下去接单，该怎么办？这种行为在业内有专门的叫法——跳单。

跳单问题贯穿了我们整个创业历程，几乎每个接触到我们的投资人、早期员工、合作伙伴甚至身边的朋友都想问我们准备怎么解决这个问题。

如果只是从表面上思考，想到的办法无非就是依靠惩戒——胆敢跳单，就封号清退。这并没有意义，对美甲师来说他完全可以在平台上想办法维护好自己的一批用户，然后就离开平台。这时平台对他的惩戒就毫无威慑作用。

再想的话，可能会想到如何禁止美甲师太多地跟用户交流，或者灌输给美甲师什么价值观等。但这些方法都只能解决表面的问题，解决不了本质的问题。

我们按照刚刚提到的方法，先抽象问题本质出来。跳单事情的本质在于，美甲师希望利用平台对接到用户，然后就脱离平台。而脱离平台的直接原因在于脱离后他们的收益要大于留在平台的收益。

那么我们要做的就是，让他们在平台上的收益比脱离平台后的收益要多或者持平。抽象出了这样的问题本质之后，我们就讨论了很多轮可行的方法。通常我们能想到的平台商业模式是佣金，也就是平台对美甲师服务的抽成，这是导致在平台上的收益总是要少于脱离平台的收益的主要原因。那么答案很简单：能不能就没有抽成?

在没有抽成的基础上，公司的商业模式是什么呢？我们上游可以通过把控供应渠道，提供箱子和美甲用品的租借和出售，下游可以把控用户渠道，让女性领域的很多产品能够通过美甲师直接接触到用户。总的来说，经由上下游来获取商业价值也是互联网与传统行业结合经常会尝试的套路。

从美甲师的角度来说，她们在平台上赚到的每一分钱都是自己的，同时他们还不用自己运营用户、打造品牌，也不用去进货、管理库存，除了上门服务之外，其他的都可以由平台来完成。如果脱离平台自己开店，实际的收益显然并不会比留在平台上要高。

基于这样的思路，我们始终没有直接向美甲师抽成，同时一直在尝试和优化多种渠道的商业模式。结果就是跳单现象极少发生。

案例 3

在我的微信群中有几个特别活跃的群，其中一个群有 300 多人，每天能有日均上千条的消息，比较多的时候甚至能有 5000 多条，氛围出奇地和谐，并且在群中经常能促成很多线下活动和私下约见，甚至连情侣都出了好几对。

群主是我在知乎认识的做运营的朋友 Lydia，有一次见面我就跟她请教运营这个微信群的方法。她的分析思路很有意思。

第一，这个群有一个奇怪的门槛，就是高考数学分数太低的不能进。看似是调侃的一条规定，其实是源于她的分析。对于社交来说，最重要的就是大家处于同样的沟通水准上，才能防止有搞得群里乌烟瘴气、氛围尴尬的“山炮”出现。要保证这个，用收入、社会地位、学历等证明显得有些不恰当、容易被看成歧视。在这种情况下，问高考数学分数就是半调侃半认真的一个好办法。她用这种思路解决了微信群如何设定准入门槛的问题。

第二，在她的微信群里基本是一言堂，就是她认为有问题的、不恰当的行为那就是违规的，就要踢出群去。看似独裁，但却能有效整肃群内的聊天氛围。跟有些微信群随心所欲的群主不同，她心里有自己的一套评判标准；跟另外一些只有死板群规的微信群又不同，在这里很多事情都是酌情而定。那大家如何知道是什么触犯了禁区呢？答案是看以往的判例。每隔一段时间总会有人被“踢”，在被“踢出”时，Lydia 会详细说明他们做错了什么、大家不该做什么。这样久而久之，凡在群里待过一段时间的人，也就都清楚禁区在哪儿了。她用这样的方法解决了很多微信群中一旦遇到类似状况就不断出现的扯皮、争论和辩解的问题。

逻辑分析的常见问题

“讲逻辑”是个容易被忽视的地方。倒不是很多产品经理不懂逻辑，只是容易轻视逻辑健全的重要性，把产品经理看成是相对感性的工种，以为需求分析在于“一针见血”，功能设计在于“一剑封喉”。但产品经理的工作偏偏是最需要讲逻辑的，很多设计层面出的错误，等实现后再发现有错漏就为时已晚。关于逻辑分析，仅讨论几种我经常遇到的逻辑错误，它们能够覆盖大部分的场景。

- 混淆因果关系和相关性

过去在读研时，我们做的很多项目就是试图探讨出数据和现实社会的关系，当时我的导师哈工大的刘挺教授曾经强调过很多次，让我们不要把相关性误认为是因果关系。他举了一个例子，我戴着一只手表，他也戴着一只手表，我的手表上的时间跟他的手表上的时间一模一样，而且指针还在同步移动，这能说明是他的手表导致了我的手表上出现这种状况吗？显然不是这样。

2015 年百度董事长李彦宏的一番话引起了热议，他说："根据百度大数据的统计，常去足疗店的人身体最健康。"这句话在没有其他信息可供判断的情况下很可能是错的。常去足疗店的人群和身体健康的人群是有很大重叠的。也就意味着去足疗店和身体健康这两点只有相关性，而没有因果关系。

在看数据或者通过很多信息来判断事务时，不要先入为主认为两件事肯定是因果关系，要看一看他们是不是只有相关性，是否是由别的诱因导致的，而并没有逻辑上的先后关系。

- 概念有歧义或者偷换概念

有很多词语在产生之初，可能是为了方便讨论和记录，所以在当时的情境下肯定是合适的。但在场景不同的时空，再讨论时可能会出现歧义并产生误导。

以同城配送行业为例，订单和运单就是不能混淆的两个概念。订单是用户发起的，内容包含要配送什么货物、在什么时间、到什么地方去，而运单是配送商和配送员关注的，同样是要考虑配送什么货物、在什么时间、到什么地方去。但两者的角度不同，如果两个概念不做区分，只按订单或者运单去描述和分析问题就会出乱子。原因在于，有的运单可能会包含多个订单（为同一地址的多个用户配送），而对有的订单也可能包含多个运单（同一个用户订购了多个商家的货物）。

在问题中，任何可能会造成歧义的词语短句都要明晰其定义。不管是自己分析，还是跟大家讨论都要避免前后不一、有冲突的情况。

“9·11”事件之后，世贸中心一个租户的保单里规定了每一桩事故的承包范围限制。被保险人的理解是每个受害者都是一桩事故，但保险公司认为整个恐怖袭击事件是一桩事故。这个歧义影响到了保险公司到底是赔偿 35 亿美元（每桩事故的上限），还是很多个 35 亿美元。从这件事你可能体会到歧义的影响会有多大。

同时，还要建议用词尽量中立，大部分词语不要带褒贬色彩去讨论。配送员分了多个等级，不要把基础等级的配送员叫“低水平配送员”，即使不是公开使用的词语，在内部讨论时也会潜意识给这个词加上“水平差、配送糟糕”的附加含义，让这个含义影响我们的判断。但实际上他们的原义并不是这样的。

- 逻辑关系混乱、不熟悉归纳演绎

如果你也接触过计算机代码或者逻辑学方面的知识，就应该知道基础的逻辑运算就是“与”、“或”和“非”。

有的产品经理并不能用对这些逻辑规则，在很多地方模棱两可。比如在设计功能时，只考虑 A 条件下的情况，却不考虑非 A 条件下的情况。或者考虑了 A 与 B 条件下的情况和非 A 且非 B 条件下的情况，却不知道还要考虑 A 与非 B 和非 A 与 B 条件下的情况。

对于演绎和归纳的方法，有的产品经理也不擅长，无法从现象中归纳出原理和本质，再用演绎的方法解决更多情况下的问题。遇到三次类似的问题，却仍然每次都用不同的方法去分析和解决，不会归纳出同样的方法。

- 假设错误

我们通常会给逻辑分析设定一个假设，即使有时没有刻意去设定，也会有很多潜在的假设。

在分析问题的时候，不仅要关注分析的流程本身有没有问题，还要看最初的假设是不是正确。如果假设是站不住的，那么整个分析就没有意义了。

我们之前在做上门美甲产品时讨论过一个方案，问题的核心是要不要把有些职权移交给城市经理去做，总部这边只负责比较重要的部分，这样效率会提高很多。当时我们主要的担心是，移交之后可能会出现的各种各样的问题，感觉会像多米诺骨牌一样一发而不可收拾。但这其实是一个滑坡谬误（slippery slope fallacy），是我们假设整个事情是不可控的前提下，再去讨论问题。其实这个方案是有很多可以配合的方案的，能够避免职权移交后的大部分问题。

假设用户是会这样反馈、假设功能应该做到这种效果、假设市场会这样变化……面对各种各样的假设都要保持警惕，不能盲目相信。

- 轻易断言

在要警惕的假设中还有一种特殊的情况，那就是假定只有一种或几种方案来解决问题。

问题摆在这儿，现在只有两种方法了，到底选哪个？这种话就是轻易断言。很多事情我们只是没想到更好的解决方案。在之前的产品工作中，考察实现一个需求的足够好的功能，我们不会简单地断言当前讨论的 A、B、C 三个方案必须要选择其一。甚至有时，我们会推翻十几个方案，继续去想更好的方案。

这个世界上，既不存在“完美的”解决方案，也不存在“唯一的”解决方案。在分析问题时，我们要找的是可以真正解决问题并且让我们自己满意的方案。

- 太过主观臆断

这应当是比较基础的错误，在有经验的产品经理中较为少见，不过还是会发生在很多习惯感性思维的产品经理身上。

判断到底是不是主观臆断有个很简单的方法，就是别人会不会质疑你的判断。而且在质疑你的判断时，你是会回应“来我证明给你看呗”还是“绝对肯定就是这样的”。

我见过的这方面经常犯错的产品经理大都是转行而来，且对自己较有自信。我询问他：“你的这个方案这里可能不切实际”，而他会回答：“你并不了解这个行业，我见多了……”但跟他要数据，或者要其他的证明，他也给不出。这就是很危险的状态。

- 片面归纳

从独立的特例中难以推理出普适的道理，大家估计都经历过这种错误的影响。小时候我们接触的信息很少，经常是老人说什么对，我们就认为什么对，人生经验就意味着正确。但这些经验都是个人的体会。比如生病时吃了什么东西就好了，不代表所有人生病时吃同样的东西都能好。所以药物要能够进入市场需要严格的双盲测试和临床试验。

我们对待经验看法和案例所传递的观点时要非常慎重。许多鸡汤文会告诉我们，努力即可有回报，多少人是白手起家最终成就一番事业的。但并不代表努力就是充要条件，也不代表放在任何人身上都具有普适性。每个人在传递自己的想法时，都会有对自身的考量，这样的想法也自然不能算严谨的推理结果值得我们完全采纳。

- 比喻过度

比喻用在文艺作品中可以很感性，但对产品经理分析问题、思考问题来说，则必须要足够有理。小时候喜欢读故事会、意林这样的杂志里面经常会有各种各样的小故事，而故事最后都会以寥寥几句话的道理作为结尾。有的道理有理可循，而有的道理则莫名其妙。

《三十六计》是本兵书，在朋友圈里却流传着各种“爱情里的三十六计”、“工作中的三十六计”。许多解释都很敷衍牵强，只是为了让标题更吸引人。

因此我也最讨厌那些讲产品时喜欢用比较虚头巴脑的概念来论述自己的观点的人，不像是产品经理，倒像是江湖卖艺的。作为产品经理，我们要时刻对那些用老鹰、小鹰这样的鸡汤故事、寓言和一些宗教理念来诠释产品设计的观点保持警惕。这样的内容对我们根本不会有实际的帮助。

- 被统计数据欺骗

产品经理应该对统计数据敏感，但不能误读统计数据的含义。

平均数就是一个很容易造成误导的数据。一个 10 人的微信群里大家的平均年薪是 10 万元，新加入了一个年薪 100 万元的人，整个群的平均年薪就会变成 18 万元。但跟原来相比，大家都并没有更有钱。

在统计结论的运用上，有很多方法能达成作者想要的效果。一个小镇的车祸数量翻了两番，听起来很可怕，但数字只是从 1 变成了 4。一个城市的车祸数量仅增加了 1%，看起来很少，但在数字上却可能是 20，比 4 要大得多。

所以在什么时候、参考什么样的数据结果都是产品经理要关注的。不能仅看统计里数字的大小来得出自己的结论。

解决问题

《如何阅读一本书》里曾经提到过一句话：任何实用性的书都不能解决

该书所关心的实际问题。读很多方法论的书，只能让我们明白该怎么做，但我们并不能一下子就掌握了那些方法、解决了书里所说的问题。产品经理的很多工作也是如此，并不是在会议室里突然醍醐灌顶，而是想到了解决问题的绝妙方法仰天大笑出门而去，这事儿就算结束了。对任何解决方案来说，让它真正把问题解决了才算是结束。

一般情况下，在发现和分析问题时我们面向的对象是事，而在解决问题时主要面向的对象则是人。产品经理职责的特殊性在于发现的很多问题需要有人协助或者协助别人来解决，自己是不能搞定的。所以对产品经理来说，关注的更多的是进度和别人配合的情况。这里我把解决问题分为给出解决方案和推动执行两部分来探讨，而沟通层面的所有问题都放到第 11 章集中论述。

拆分问题

我之前锤子的同事子雄曾经做过一次叫做“如何成为一名优秀设计师”的 TEDx 演讲。在演讲中，他提到当你解决不了一个复杂的问题时，就要试着拆分这个问题，不断拆分，直到你觉得每个小问题都是自己能够解决的程度再去解决，解决之后再组合，整个复杂问题也就解决了。我深以为然。

有时我们总会遇到一个看来是天大的问题，要扛不住了的感觉，貌似也根本解决不了。这时候不是先抓紧去做，也不是干脆放弃，而是要花点时间把问题拆分出来。按层次、步骤、逻辑拆分成一个个小的问题，单独来看就没有那么可怕了。

解决方案

前文提到了很多分析问题的技巧和方法，比如我们不能追求完美的方案，也不要轻易判断只有唯一的方案。在获取足够多的信息、做了充分的分析后，再得到让自己满意的解决方案。

对于解决方案，跟发现问题时一样，我们要确保它是完整而可行的。

所以至少要包含以下几点。

1. 问题和背景

为什么要做这件事？做这件事的所有逻辑的缘出是如何的？是在什么情境下提出的？回答清楚这些问题，解决方案才算有意义。

在跟技术部门的协作中，我们当然可以直接抛给他们可行的具体方案，但最好也要给出具体的问题和背景，对他们来说能够对方案的理解更加深入。这也是多次提到过的了。

2. 方案的内容

跟问题和分析过程不能模棱两可一样，方案的内容也不能模棱两可。“文档以后更加规范”是可以解决现在文档不规范的方案，但到底要怎么才算规范？内容不完整，也没有可行性。

3. 方案的负责人

方案应当由谁来负责？为什么由他负责？在方案里也要确定这两件事。负责人不能随便指定，因为产品经理不是老板。指定后要同时说明其合理性。

4. 方案的目标和验证方法

方案要达到怎样的效果才算可以？如何验证？对很多方案来说，达到目的后，可以直接观察到。但很多方案要解决的问题可能在表面无法观察，因此要用一些验证方法去考察。对这种方案来说，验证方法要跟随方案一起生成。

推动执行

有时你可能发现到了问题并且找到了好的解决方案，但提交给相关负责人之后就石沉大海了。在大公司尤是如此。

对产品经理来说，未必要去催具体的进度，设定 Deadline（截止日期）等。不过如果是方案的发起人，就要确保这个方案得到了执行。

如果是个人能解决的问题，那么解决方案要推动自己执行，属于个人管理的范畴，这在前文讨论过。

如果是要协助别人或者需要别人协助的方案，那么建议做以下的事情。

1. 确保对方获取到所有的信息

不管在讨论问题的过程中对方有没有参与，只要方案需要对方配合，那就要让他清楚整个方案的背景、内容和相关的各种信息。他未必认同，但必须获悉。

2. 了解对方的态度

把方案给对方然后静候佳音，这不是好的方法。在对方确定了解到你的方案后，询问或试探对方的态度。如果认可，就确保对方准备着手解决了；如果不认可，要找时间跟对方讨论具体的问题出在哪儿，看能否解决掉，以达成共识。

对于很多确实难以达成一致的方案，可以跟对方的上级或者老板沟通，一起解决。

3. 定期关注

设定一个期限，定期关注方案执行的情况。对很多并不是很紧急的问题，没有必要催促，但要确保方案的相关人员都没有搁浅或者干脆忘掉了。

4. 解决后检验效果

方案执行完毕后，要根据之前考虑的方法去检验方案是否真正解决了问题、解决到什么程度，在发现问题时我们有预期，那现在是不是弥合了差距。对于比较重大的问题，可以再次复盘，检查整个处理问题的过程中的利弊。

案例 4

在做上门美甲刚起步的几个月，我们只提供核心功能以节省资源，所以在美甲方面的服务项目只包括手部美甲，不包括足部美甲。后来要上足部美甲的项目，大家开始觉得“头大”。

从产品上来说，足部美甲显然不能直接当成新的美甲样式，因为很多用户要同时做手部和足部的，我们原来不会提供给用户同时做两种样式的选项。对于美甲业务来说，足部美甲对美甲师的技能考核是全新的，并且在样式和美甲师的匹配映射上来说（每个美甲师能完成什么样式都是根据技能而定的），也是要重新考量的。就不用说上门服务的新流程、运营的推广更多等着我们要做的事了。

看起来很头大的项目，只要有理有序地解决各种问题就不会显得那么可怕了。在了解清楚要如何完成这个任务后，我们先拆分出了所有部门要做的事情、涉及的关键点，并且做了以下几件事。

指定了总的推进负责人，由 CEO 助理兼任负责全局的把控，他来推进整体项目、关注时间点、组织讨论、验收成果；同时指定了各部门的总负责人，以及负责的事项。

把目标分为几个阶段完成，第一阶段，先在内部进行测试，只让核心的几个用户使用和体验，完善基础的流程；第二阶段，分地区灰度发布，逐步推进；第三阶段，全地区发布并且大规模做营销推广，对每个阶段的各部门任务划定时间节点。

确定每项任务要达到的效果及奖惩措施，拟定 OKR[①]的主要条目。

这几件事是在多次项目碰头会上拟定的，在拟定之后，大家面对的就

① OKR 是一种互联网常用的目标管理工具，通常作为 KPI 的替代品，Google、LinkedIn 都在使用。

不是想象中无法击倒的庞然大物般的问题了，而是一个个具体的可衡量的阶段性任务。在按部就班的推进下，项目就比较顺利地得到了完成。

成长建议X

把工作中的所有事务都视为处理问题，这是一种很好的结构化思维。这种思维在执行层面的好处就是可以把原本看似混乱不堪的产品经理的工作拆解开来，以便处理。习惯用个人任务管理工具的读者，想必会更加有体会。

运用结构化思维，我们就能清晰了解自己目前有多少事情需要处理、它们都在什么阶段。即便是“跟老板最近有点矛盾”这样的问题，也可以纳入工作的范畴中，想一些方法解决掉，缓和跟老板的关系。

对我来说，结构化思维还有一大好处，那就是我们可以把很多带有情绪的事务，在结构化之后抹除那些情绪化的部分。它们都是要解决的问题，而且总是会解决的。既然这样，心态就会乐观很多，压力也不会特别大，看似棘手的任务也能静心去做，毕竟工作中没有什么问题是解决不了的。

要点反思

- 不仅能解决问题，还要对未解决的问题也心里有数。
- 对团队来说，最有价值的产品经理应该能像打地鼠一样去清除问题。

第 11 章

沟通

万人操弓，共射一招，招无不中。

——吕不韦

几乎每家公司的产品经理招聘要求里都有“沟通能力强”这一项。这也是大家公认的产品经理应该具备的能力。一个开发工程师可能不太会沟通，没关系；一个 UI 设计师不太会沟通，也可以接受。但产品经理如果不会沟通，一方面意味着他不能处理好跟同事的关系、不能推进项目的进展，毕竟产品经理是整个团队的黏合剂；另一方面则代表他可能没有比较强的获取信息和传递信息的能力，这对产品方面的工作来说会是致命伤。

不过，值得讨论的是沟通能力是不是就代表可以滔滔不绝、能言善辩？这倒未必。

对产品经理来说，好的沟通能力要包含以下几点：

- 能够快速、准确地理解别人表达的信息。
- 能够准确、通畅地表述自己想传递的信息。
- 在理解和表达中就事论事，也能照顾大家的情绪。

本章就从这几个方面出发，探讨好的产品经理应该具备怎样的沟通能力。

理解

作为产品经理获取信息的途径，除了从数据和各种信息载体中挖掘之外，主要就是通过人了解。我们从老板口中了解产品的战略方向，从用户口中明白他们想要什么，从同事口中明白现在团队和项目的情况。在开会时，我们要弄明白对方想说的意思，在听讲座和学习交流时，我们更要吸收有价值的内容。

理解对方所说的内容，以及理解他的言外之意并不是件容易的事情。

找到重点

我们可以不断锻炼和增强自己表达叙述的简练程度，但我们不能奢求所有人的表达都是句句精辟的。

在对方没有条理、有些冗长的表达中，抓住他想表达的重点是我们要修炼的能力。尤其是中国人不习惯直来直去，有时人的表达会过于委婉，委婉就会带来很多无价值的补充。

这有点像我们小时候学语文时老师讲的中心思想，例如“庭有枇杷树，吾妻死之年所手植也，今已亭亭如盖矣”并不是想表达这棵树而是相思之情，即“我好想念我的亡妻”。

有时感觉对方的表达过于冗长，倒不是对方过于委婉，而是信息不对称，使他以为你并不知道很多信息所以想传递给你。在这种时候要及时提醒对方：“不好意思打断一下。你说的这些背景我大概了解，你可以直接说关键的部分。”

用复述来确认

作为老师，确认学生是否真正理解自己所讲内容，最好的方式就是让学生用自己的语言重新描述一遍。对某些信息真正掌握，就是可以把信息再准确无误地传递给别人。

所以在理解别人表达的信息之后，自己可以快速消化吸收，然后用自己的语言再次复述并向对方确认。对方的信息表达比较散乱的话，还可以在这个过程中梳理一遍。如果两边达成了一致，也就说明对方的点是“get”到了。

有效的对话一般是以下这样的。

A：“最近我们营销部门想做一个活动，你看看能不能帮忙协调做产品的支撑，这块儿工作是小张负责的。还有就是上次那些活动结束的统计数据，还一直没给我呢。尽快给我吧，下次不要拖太久。对了，还有就是现在后台的营销模块实在不好用，咱们有空开个会碰一下吧？”

B：“好的。我听下来总结有三件事，第一，我安排人跟小张对接协调一个新的营销活动的支撑；第二，统计数据尽快给你，并且确保以后及时提交；第三，我们要开个会讨论后台的用户体验问题。”

A：“对。没错。”

区别事实和观点

听到对方的内容后，要判断出对方所说的哪些是事实陈述，哪些是个人观点。这对理解对方至关重要。

事实陈述指的是讲述已经发生的事实，不一定准确，但一定是被人观察到的事情。这样的信息要吸纳进来，使其成为自己掌握的信息。既然是表达的事实，那在做任何思考和判断时都可以假定它是正确的，不要着急反驳。

对表达出的个人观点，要做简单区分，看是不是有对方的主观看法和意图，再从其中分辨出对方的诉求来。

很多人会把对方提到的事实和观点混为一谈。如果对陈述客观的事实自己不认同，就着急反驳“肯定不是这样的”、“我才不信你”。而个人观点，内心自己是认同的，就着急同意“绝对是这样的”、“没错我早就这样觉得了”。

事实既然已经发生，那就应该不带主观色彩地接受；而对观点则始终要保持一种怀疑的态度，意识到它们是主观的想法，不代表已经发生和经过证实的事情。

关注诉求

对于一次沟通交流，目的何在？这是要结合当时的情景和对方的身份来自己做判断的。

有的沟通是想交流一些看法，双方讨论出某个都认可的结论。这种诉求要保证最后有结果出来。

有的沟通则是传递一些信息，对方希望你能知道某些事情。这种除了完全明白对方在表达的内容外，还要关注对方表达的“言外之意”。对于关系很好的朋友，我们当然可以说“你有什么要求就直说。”但对很多工作关系的同事，可能需要我们自己发掘。

有的诉求相对比较容易翻译，比如技术部门说“你们最近写的方案经常有点缺漏”，诉求就是“希望你们以后把方案做得更完整”，直说比较生硬，所以他们会把诉求转变成客观情况的描述。

有的诉求则比较隐蔽，可能要多想几次才能想到。就好像如果一个姑娘对你说话总是有点怪异，那她可能是喜欢上你了，但她不会直接告诉你的。她说今晚想让你去她家修电脑，未必是真的需要修电脑而已。

表达

把一件事表达清楚、把一些信息传递出去是理解的逆动作。只会吸收信息却不能传递信息，这一样是有问题的。

表达重点

在表达任何事情之前，要先搞清楚自己要表达的重点到底是什么。其他的信息都是为了服务这个重点的，不能喧宾夺主。如果觉得对方并不需要寒暄，那么建议尽量都直奔主题，说清楚想表达的核心内容。

表达重点时，如果有多条内容，应尽量分清楚逻辑。我和身边的很多同事都习惯在跟人交流时，用“下面要跟你沟通 XX 件事情”这样的开场白，一件一件去聊、去解决。这样开场有利于自己把要讲的事情分清层次，同时也让对方能够捕捉到你要表达的层次。

例如，写邮件时如果内容很多，最好的方法就是标明重点，并且分层次论述。对于大部分人，尤其是工作繁忙的一些同事，往往是没有时间细读邮件。对篇幅很长的邮件，大多数人都会先找到重点，了解大致内容，再判断是否要细读，这样能更高效地处理邮件。

我们在表达时也是如此，先说有几件事，再说每件事的简要描述，最后再展开讲解。如此一来对方就可以快速把握重点，明白你的思路。

确保对方理解

表达完毕后，在某些情况下，要确保对方理解了你的思路和想法。如前文所述，可以让对方重述你刚刚表达的内容，看是不是跟你想的一致。

对于重要的内容，要再三确认。对沟通来说，最重要的不是表达的流畅和华丽，而是让信息传递得妥当。

为了让对方很好地理解，最好先表达清楚自己的诉求。比如：

- 我想跟你沟通这么一件事情……我们要讨论出一个方案。
- 我就是想告诉你件事，你只需了解……
- 我发现了……这样的事，希望你能够……

除非关系过于微妙、场合不太合适，不然都应直接表明来意。

用更形象的方式

图形化对表达一些信息很有帮助。图形化意思是用符号、简笔画来表达事物之间的关系及逻辑，包括相关性、流程、差别等。表格也是一种能快速整理信息的方法。尤其对于略有些复杂的问题，在参与沟通的人较多的情况下，能够在白板或者纸上快速梳理出环节、流程或者结构，能有奇效。如果想系统了解这方面的知识，可以参考《餐巾纸的背面》和《视觉会议》。

现在每次遇到需要跟别人聊的问题，我都会想在纸上描述流程会不会更清晰。比如最近有同事想问杭州落户的流程，我讲了一遍发现不易理解，于是我就快速画了一幅流程图，同事一眼就看明白了（见图 11-1）。

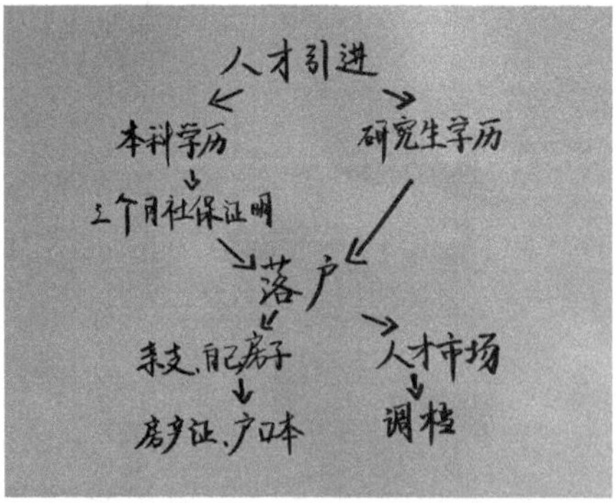

图 11-1　我给同事画的迁入户口简略流程图

如果是同时要传递给很多人一些信息，那最好的方式自然是用可视化的演讲，做一份 PPT 或者 Keynote 跟随屏幕里的关键信息去讲解。

关于演讲能力，则不是本书探讨的重点了。要学习这方面的技巧，我推荐《乔布斯的魔力演讲》，以及我前同事知名英语教师、Keynote 制作人许岑老师的书和教程。

沟通的心态

前文简单提到了在跟同事沟通的时候要有双赢的心态。任何沟通都是为了某个目的，达到这个目的如果是大家一致认可的，那就要一起往这个方向努力；如果并没有达成一致，那就要快速确认双方的差异在哪儿，以便解决问题。

沟通中产生矛盾和误会的原因有很多，也很难一次性都解决掉，但如果在沟通时能够调整好心态，那么或许能解决大多数问题。

把批评当成信息

我们听到别人否定自己、责怪自己时，会不自主地反感、厌恶，第一反应就是反驳或者拒绝。有的人可能还会把批评当成对方给自己的伤害，然后仇视对方。

回想起来，对我们的肯定，往往能激励我们做得更好。对我们的否定，则可以给我们提个醒，帮我们找到问题出在哪儿。

在接收批评信息时，不要把这个过程当成别人对你的否定，而是把注意力放回到事情本身。思考这个信息是不是对的，如果的确如此，那就想办法改掉；如果信息有误，是对方刻意抹黑，那更不需要在意，你知道并没有出现这样的问题就可以了。

不要过度解读

在中学时代我们一旦喜欢上哪个姑娘或者帅哥，总是会不自觉地去解读他或者她的言行举止。“他/她跟我说这句话是什么意思？”“他/她临走时这个动作是什么意思？”但后来我们都会知道这都是自己臆想出来的。

在跟人沟通时，如果自己体会到了言外之意，或者对方的某些情绪，不要着急做出回应，而是先想想会不会有可能过度解读。老板生气时说了几句狠话，不用立刻收拾东西准备回家，可能只是他刚刚心情很糟糕；同事跟你讨论方案时笑靥如花，也不代表她始终认同你，可能只是她的男神刚刚跟她表白。

发现对方的一些言语和举止有些怪异或者让你有疑惑，最好的方式就是找他/她沟通一下，聊一聊，不要自己贸然下判断，然后做了错事，再挽回就得不偿失了。

不纠结对错，不关心输赢

理工科毕业的读者擅长逻辑思维，会习惯于纠结事情本身的对错，同时不会对别人的感受足够敏感，比如遇到是对方犯了错的事情，就咄咄逼人，一定要让对方服输。这种心态是很糟糕的。

对于跟别人的沟通中出现的矛盾和分歧，最终总会证明有人可能判断有误。但大家都是要解决某些问题，而不是比赛看谁更厉害，在自己“获胜”时不要表现出赢家的姿态，应该跟对方一起探讨当初有矛盾和分歧的缘故。千万不要说“你看，早就跟你说了。你现在服了吧？”“要不是我坚持，就跟你一起错下去了”这样的蠢话。

成长建议 XI

沟通能力强寥寥几个字，有很多的解释，但都不意味着油腔滑调、滔滔不绝。在我看来最基础的沟通能力是能够倾听理解，也能够顺畅表达。信息在沟通之中不会失真，也不会特别低效。

再高阶一些的沟通能力是不会被信息之外的事物所影响的。不会因为情绪化或者心态不够好而造成沟通中出现矛盾。

最高级的沟通能力是不仅能够让信息通达，还能利用这些沟通的机会，通过别人来实现自己的目的。希望我们在进阶之路上，能够慢慢变成这样的人。

要点反思

- 会沟通不等同于能讨人喜欢或者伶牙俐齿，沟通需要后天的“修行”。
- 最高阶的沟通是要让别人促进自己的工作。

第 12 章

成长

L'humaine sagesse était tout entière dans ces deux mots :

Attendre et espérer !

——Alexandre Dumas père[①]

成长对产品经理来说太重要了。之所以要把自我成长、自我学习这些能力单独拿出来讲，就是因为产品经理的工作内容变化太快。很少有产品经理在跳槽和升职后，完全在做跟过去同样的事情，即便是在同样的岗位上，随着市场和用户的变化，随着公司规模的变化，随着业务方向的变化，产品经理随时都要做好调整工作重心的准备。

我刚刚到锤子科技工作时，负责了几个星期的论坛维护，看似不是常规的产品经理的工作，实则是在接触用户、了解产品，每天翻阅几百篇帖子，记录上百个功能建议和意见，跟部门的同事们沟通交流，慢慢步入产品经理的“轨道”。

接下来开始接手一些零碎的功能点，提出方案，设计原型，然后不停

① 人类的一切智慧是包含在这四个字里面的：“等待”和“希望”！——大仲马

地跟大家讨论，在评审会上给大家讲，评审通过再提交给项目经理和工程师，跟进完成的效果。

有了一定经验之后，开始主导设计完整的产品模块，要考虑得更多更完整。这时仅仅画原型就不够了，还要想整体的逻辑、结构，要想整个模块的定位，功能展现的恰当方式，然后提出多个方案，供大家讨论斟酌。

从锤子离开去做嘟嘟美甲之后，要从 0 开始构建起最初的产品 demo，花了大量的时间精力跟同事讨论产品的模式，以及最早的 MVP 应具有的功能模块，最简化的业务逻辑以及最基础的交互界面。那时是没有项目经理和技术总监的，就要拿出一部分精力来盯具体的实现和迭代进度。

所以在短短的一年半时间内，我的主要工作就更替了三次，更不用说后来嘟嘟美甲产品迭代数次，以及团队成规模之后又要做不一样的事情了。

以上说的是表面的工作内容，在工作中需要掌握的知识也是在更替的。锤子科技是重视用户体验的公司，要对交互、视觉极其敏感。而在嘟嘟美甲，则需要了解整个美甲市场、要懂得女性的需求，显然这些知识对我来说都是全新的、需要重新学习修行的。

在产品经理领域内，很少有普遍适用的知识和理论，如果做新的产品，很可能要推翻过去的知识体系。公司发展壮大、角色健全后，也很可能要学习新的岗位技能。如何在这样的环境下成长，如何在这种多变的状态下管理好自我，就是本章想探讨的问题。

好项目+好导师

从业多年，不乏有刚刚毕业的应届生问“到底该如何成长”，有的会关心“到底选择怎样的公司”，有的会问“现在的选择是不是合理”。对这样的问题，我都会回答“好项目+好导师”。

产品经理的成长必须要通过实践来完成，这是绝对不能少的环节。跟有过经验的产品经理接触，能明显感觉到他的思维方式是有特点的，而没有经验的产品经理即使读再多的书，也不能说出个所以然，只能谈概念，都是比较浅显的理论。我们也能看到，对产品经理的招聘一般都特别在乎实践经历。

实践当然也不是看看帖子、做做零碎的功能而已。好的实践要全程参与一个完整的项目。看到它如何起承转合，看到它怎么从 0 到 1，又怎么从幼小变得成熟。完整的项目可以尽量多地接触到产品经理可能接触的工作，比如战略讨论、基本的产品模型构建、用户研究、需求分析，乃至 MVP 的设计、产品核心功能的设计、早期迭代等。跟完一个产品的生命周期，或者至少跟到一个产品的成年阶段，对产品经理来说是最好的项目实践。

能够接触到产品多长的生命周期、在项目中起到什么样的作用，这是对产品经理的成长来说最重要的。我曾经参与锤子科技 T1 手机操作系统全程的设计，也曾经参与了嘟嘟美甲从零一直做到日均几百单的稳步运营，虽然分别都是一年时间，跟很多前辈比算不上久，不过这样的体会是深刻的、对产品不同阶段的体验是完整的，能够补全在工作流中各个环节的经历。

再说导师，很多新人产品经理都忽视了导师的作用。我在前文中不断提到，产品经理的很多知识体系都不健全、工作内容差异大，这也就意味着我们没有普适的标准可以检验自己成长的情况。如果是工程师，我们可以写完代码立刻就能看到所有的错误和警告提醒，知道自己哪里写错了、哪里需要优化。而产品经理就难得多了，需要提醒的时候身边没有导师在，那就会一直错下去。

做产品时发现问题不一定是在设计中，很可能是在实现后。等整个团队都根据你的方案把产品推动完成后，才发现用户不喜欢、功能有问题，那试错的成本就太高了。而且对没有经验的产品经理来说，很难自己去判断到底哪里出了问题。

在产品人员从业过程中，始终有一个或几个值得我学习、能指导我做事的同事作为导师，在我有疑惑或者出现疏漏时，他们能给我提个醒。用付费方式来咨询我问题的新人产品经理也会感慨地说，前辈几句话就能让他们茅塞顿开。所以身边一定要有一个导师。

怎么判断一个导师是不是够好呢？很简单。先看他的背景和曾经做过的产品，如果你觉得是公认的好产品或者来自公认的好团队，那应该不会特别“坑”；再看平时工作中，他能对你起到的帮助，他的那些建议是不是有效，要是他也不能经常给你提醒、不能帮你进步，那也称不上是好导师。的确有那种只能自己做出好产品但不太懂怎么传授给别人方法的人。最后，你可以用一些问题来考验他，尤其是你不懂的、比较难的题目。要确保他比你懂的更多，这样你才有跟他学习进步的空间。

一旦确定他是位好导师，那就考虑先成为他那样的水准，不要想着一蹴而就。当下的榜样应该是自己能够在一定时间内追赶得上的，等你跟榜样水平接近之后，就可以再考虑换一个更牛的人作为榜样。

既然成长必备的条件是好项目和好导师，那么我们就能以此判断应该选择去什么样的团队工作了。这个团队所做的事情应该是相对具体和完整的，不能是那种大家试一把，行就一夜暴富，不行就散伙的团队，应该是你坚信产品至少能走完一个生命周期的项目；而这个团队里的人，至少有一个在产品方面能够成为你的导师，作为应届毕业生去初创团队独立负责产品看起来很光鲜，但也很危险，领悟能力好的当然可以在实践中飞速成长，但大部分刚从校园里出来的学生是毫无产品方面的知识储备的，对产品工作也是一窍不通，只能看着自己手机里的 App 照葫芦画瓢，翻一翻网上的快餐式文章作为指导思想，这样的经历对成长当然不会有多大帮助，甚至还会有副作用。

博采众长

《圣经》里说，太阳底下没有新鲜事。这句话在风云变幻的互联网时代同样适用。

话说刚入行的时候，我对别人总结的知识经验，以及传统行业的很多工作上的成熟理念并不感兴趣。就像前文所说，我一直认为产品经理面临的是变化的工作，而且是全新的移动互联网环境，不会有哪本书能够指导我们做好手头的产品。我到现在仍然坚持这样的看法，只是这不代表着我们就不要吸取前人和其他行业先驱所留下的宝贵经验了。

的确，没有一本像《算法导论》一样完整阐述产品经理工作的《产品导论》。但产品经理所面临的五花八门、琳琅满目的工作内容，都可以分别在某些前人留下的思想和经验的片段中有所受益。

MVP 的概念来自于《精益创业》，该书作者的老师也写过一本《四步创业法》，后者成书已经十余年，也没有妨碍它为我们在产品迭代时提供思路。八年前的《启示录》提到了很多产品经理应该处理的细节，放到现在很多创业团队中也照样适用，比如它对外包的意见，跟我和身边朋友的看法完全一致，根本没有感觉那是很多年前的建议。而出版于过去 Web 时代的 2002 年的《用户体验要素》，至今仍是大部分产品经理对自下而上设计思路的启蒙读物。

在嘟嘟美甲时，我曾经短暂主管过营销的工作。当时觉得很多书本不可能有指导意义，所以很多事情都是自己去苦想，或者请教身边的朋友。后来有前辈推荐我看了几本关于营销的经典作品，读罢真的是醍醐灌顶。

别看现在的移动互联网很多营销方法都是新奇好玩的，但都是换汤不换药，只要目的一样、人的天性一样，那营销的本质就不会有太大变化。

作为产品经理，遇到任何问题，或者说遇到任何感觉是知识空白区、思路不清晰的地方，除了跟专家和前辈请教之外，最好还是找到相关的书本资料多学习一番。不必特别在意出版日期，也不用太关心是不是完全符合自己当前的产品，很多知识表面上差别很大，但实质上都是一样的，道理可以通用。这样就少走很多弯路，节省很多成本。

把相关的、相似的知识纳为己用，这是博采众长的初级阶段。更高级的阶段是能把看似完全无关的知识，纳入到自己的产品中来。

有很多技术出身或者计算机专业出身的产品经理都有写脚本处理数据或者文档的技能。遇到需要统计、分析数据的时候，他们能自己轻松地得到结果。有时甚至可以用到过去学到的统计学知识。

在嘟嘟美甲做美甲师预约、在点我达做配送员派单时，我们团队中的产品经理都不同程度地利用了一些机器学习算法。它们在我们完成产品期望达到的效果中起到了至关重要的作用。

乔布斯就曾经讲过，他过去读大学修的书法课，对他后来能将苹果电脑的字体做得这么漂亮有直接关系。著名英语讲师、天使投资人李笑来也曾经在《把时间当作朋友》一书中说过，他小时候上过电脑学习班，在他后来写那本关于托福的畅销书时整理单词词频，起到了重要的作用。

所以不要只把自己对知识和经验的追求限定在“产品设计”和“用户研究”这些层面，要尽量多地接触自己感兴趣的领域，它们会在你意想不到的地方发挥作用。

素养

整本书都在讲比较实际的工作方式和能力训练，我仍然想要单独拿出一个小节来说一说素养。

我一直批判那种认为产品经理就该是足够文艺范儿的偏执狂的观点，因为产品经理显然更需要理性、逻辑、管理、协调、判断，从本书内容看就知道了。不过不代表产品经理就不应该对世界充满比较美好的想象，或者产品经理就应该是唯利是图、冷血粗暴的。对于文艺的、感性的这些素质，我更倾向于把它们称作素养。

这些素养能让我们的产品变得更好。

审美

类似产品经理需不需要懂技术的问题，我也经常遇到产品经理需不需要懂设计的问题。我的回答是：产品经理可以不懂设计，但一定要有审美。

审美是能够辨识一个东西究竟是美还是丑的能力。很多人的认知是有错误的，他们认为审美是私人的事情，因此也就没有标准。然而实际上审美也是有门槛的，所谓的“我觉得差不多”“没觉得它丑”只是不具备审美的能力。如果一个作品足够美，那大家喜欢它的角度可能不同。但如果一个作品很丑，懂得审美的人就都能找到同一个它丑的地方。

审美不一定只用在产品设计上。在产品经理很多工作中，审美都会有积极意义。写的文档、做的原型、演讲的幻灯片等都能够更加让人赏心悦目，更能够体现一种品质感，让人产生认同。格式糟糕、界面丑陋、配色恶心的文档和图片会让人感觉你是没有追求的人。

团队中有比较专业的设计师，那就多跟他请教。没有的话，每天逛逛 Dribbble、Behance 这样的设计师网站也是好的。

善意

对美的追求会融入进产品中，对他人的善意也是如此。有的产品，你用的时候能够体会到它很有戾气、很着急、很粗暴，甚至会有高高在上的优越感。不仅用的时候体验糟糕，更可气的是你还能体会到他们并没有要改善的意思。

前文探讨了几种常见的人性需求，抓住人性的缺点去做功能是没错，这也是满足需求。可你总能看到有的产品释放着的浓浓恶意，并不是在说“让我来帮助你吧”而是在说“你本来就不是什么好人”，做金融的鼓励你大胆理财、不考虑任何风险承受能力就推荐风险最高的产品，做社交的鼓励你大胆失身、告诉你今朝有酒今朝醉。

产品经理还是要有一些善恶观的。不只是要寻求内心的平静，也要让产品的形象能让人接受、让人认可。个人的恶成不了气候，但如果面对成千上万的用户，所做的恶果会成指数增长，最终不可收拾。比如竞价排名，一旦为了利益对某些不法的广告主视而不见，虽然比例微小，但如果发生在体量巨大的平台上，就会影响到很多人的生活。外卖平台的黑作坊能送人进医院，而搜索平台的医疗广告也会导致很多家破人亡。

谷歌“不作恶”的理念让人传颂很多年，其中的价值观很值得我们去学习。在把控着大量信息和用户权益的时候，要学会放弃一些微利来换取用户的信任。

有趣

我见过的很多前辈和业界大佬，无一例外都是有趣的人。他们并非因为有了成就之后才变得有趣，而是因为他们的好奇心和求知欲，才让他们变得有趣，同时也能够事业有成。

有趣跟好奇心是分不开的，也跟对事物的了解程度分不开。如果你没有多看几部美剧，你体会不出美式的幽默来；如果没读完整本的悬疑小说，也掌握不了它的趣味。只懂得简单计算和代数是不能领会数学之美的。

当你对趣味有了追求，那你也会慢慢变得习惯于对任何事物都产生好奇，也对任何事物都有了求知欲。

在很多氛围很极客范儿、大家创造力旺盛的团队，凭借他们的好奇心和求知欲，经常有各种好玩的点子出现。它们有的成为彩蛋，博人一笑；有的解决了难题，产生了难以估量的价值；有的则提供了很好的思路，让大家收获良多。

即使没有这些，变得有趣至少还会有最直接的好处，那就是让你在团队中更受欢迎。或者让你早些找到女朋友或者男朋友。

招聘

很多产品经理在工作后一段时间，就要面临一个棘手的问题：要给自己的团队做招聘。怎么才能判断一个人是不是真正合适呢？我觉得用前文处理问题的方法，就能很好地弄清楚招聘的流程。

我们按处理问题的整体流程来看，首先确立标准，也就是定义清楚问题。千万不要觉得面试就可以不做准备，“一个人靠不靠谱聊一聊不就知道了”，我一开始也是用这种思路来面试的，但发现效率极低、效果极差。

如果只关注这个人的言谈举止，只能看得出他大致的情况，如年龄、健康状态、基本的性格（外向还是内向）、沟通是不是顺畅，稍微深度的信息就很难发掘。我们是要了解产品经理的能力和他的经验，最后目的是判断他是不是符合岗位的要求和招聘的标准。这些都是随便聊一聊做不到的。

那标准该怎么确立呢？可以先列出所需的技能项。比如，我理解的产品经理所需要的技能有：

- 需求分析
- 功能设计
- 项目跟进
- 行业知识

前三个在第一部分已经解释过了。最后一个指的是要对互联网圈内或者所从事的行业内的知识和信息有所了解，往常的工作不都是闭门造车。

针对每一个技能项分三个档次，然后增加说明。比如，拿到了数据可以做出判断，这是段位比较低的。再高一些的要求，应该自己有调研、访谈或者收集数据的能力，需求的分析更加合理。最高的要求是可以有成套的方法，系统地获取用户需求。

那么需求分析的技能项标准表格按三个档次分就是：

需求分析	1	能基于已有数据或者主观判断得出用户的情况，并判断用户的需求
	2	能通过访谈、调研等形式主动获取一定的数据和信息，做出判断
	3	能根据产品的定位和市场的状况，设计并执行一套完整的需求挖掘方案（包括目的、形式、展示结果等）

图 12-3　需求分析的技能项标准

以此种方法拓展，把剩余所有技能项列出：

类别	单项	level	描述
工作经验	需求分析	1	能基于已有数据或者主观判断得出用户的情况，并判断用户的需求
		2	能通过访谈、调研等形式主动获取一定的数据和信息，做出判断
		3	能根据产品的定位和市场的状况，设计并执行一套完整的需求挖掘方案（包括目的、形式、展示结果等）
	产品设计	1	能模仿和借鉴其他产品的特点，设计出可用的产品
		2	能根据自己的知识和经验，设计出更合理的产品
		3	能通过需求分析和更多理论方法，设计出优秀的产品
	项目跟进	1	能书写各类文档，与技术良好沟通
		2	能参与排期、进度规划等工作，并可以与在研发过程中与技术良好协作，确保项目顺利完成
		3	能主导项目的进度安排和需求的优先级排序，确保产品版本上线时的品质
	行业知识	1	能了解常见大众产品的特点，以及行业常识
		2	在以上基础上，了解产品经理的常规工作和知识，懂得基本的交互、设计、运营、营销及研发常识
		3	在以上基础上，有自己关注的小众产品，对自己从事的行业非常熟悉，并且有自己的总结和系统化的整理

图 12-4　整体的技能项标准

目前来看，基本的标准已经做好了。不过对于某些工作经验比较少的人，尤其是应届生其实往往是无法用这个标准衡量的。

所以我又做了一套关乎个人能力的标准。大致是以下这样的：

类别	单项	level	描述
个人能力	信息敏感	1	能够观察数据得到直接的合理结论
		2	能够判断出数据和信息的可信程度，以及反映出来的更多信息
		3	能够对信息了如指掌，并可以制定方法主动来获取想得到的信息
	逻辑分析	1	能对一些事情做简单的判断，基础的梳理
		2	能熟悉推理、演绎、归纳的方法，在工作中熟练运用
		3	平时生活中，处处都习惯运用逻辑方法，客观证明做出任何判断的正确性
	沟通	1	能正常沟通想交流的信息
		2	能掌握谈话中对方的情绪，适当调整沟通方式
		3	在谈话中能掌握主动，可以很好地完成无授权领导的工作，协调规划多个团队的协作
	性格/热情	1	能够与人相处；对薪资和待遇有追求
		2	不卑不亢，不会有明显让人讨厌的地方；对产品经理的工作内容关心，对自己的成长关心
		3	有性格上的优势，工作中可以起到正面作用；对产品有热情，对公司所在行业有热情
	审美	1	能大致区分美丑
		2	能判断一些产品上的视觉细节的好坏；喜欢艺术或者文艺方面的东西
		3	能很好地指出产品视觉细节的改进方法；对自己生活中的审美有要求

图 12-5　个人能力的标准

接下来是分析问题，也就是通过面试、定义的标准分析应聘者的情况。

在面试中，有很重要的几点是：

第一，问题决定了回答方式。如果你拿刚才的技能表或者能力表给应聘者填写，他肯定会说都能做到而且评分很高。你需要问的其实是很具体的能证实某个特殊项目的经历、事情，而不是“你行不行”、“你可不可以”或者“如果是你，你怎么做”。

第二，要通过他说的内容，敏锐地察觉其中哪些是真实的、哪些是虚假的，以及哪些是有失偏颇比较主观的，哪些是足够客观的。

然后，再判断逻辑上是否能真正证明能力。比如你想观察他的管理能力，结果他说着说着讲了很多团队在产品中的创造力和执行力，并没有提到管理的细节，这也是不能作为佐证的。

第三，有头无尾或者没头没尾的描述，是没有价值的。“效果很好”、“产品很优秀”、“得到了老板的肯定”都是没有具体结果的描述，“增加了24%的日活”、“入选了年度十佳 APP”、“是团队奖金最多的”是有具体结果的描述。

把描述的信息跟技能和能力挂钩后，接下来就是通过信息结合之前列出的标准做最后的判断，也就是解决掉这个问题。这时只需要注意一点：不同的技能项或者能力项的权重是不同的。

比如你要招聘的是更偏向用户体验方向的产品经理，对设计、审美、需求这方面的要求更高，权重就可以设置为如图 12-6 所示的内容。

类别	单项	权重	类别	单项	权重
工作经验	需求分析	4	个人能力	信息敏感	3
	产品设计	4		逻辑分析	4
	项目跟进	1		沟通	1
	行业知识	2		性格/热情	3
				审美	4

图 12-6　用户体验方向产品经理的权重示例

如果招聘的是很偏向项目管理的产品经理，那大概是另外一种方向，如图 12-7 所示。

类别	单项	权重	类别	单项	权重
工作经验	需求分析	2	个人能力	信息敏感	2
	产品设计	2		逻辑分析	3
	项目跟进	5		沟通	4
	行业知识	3		性格/热情	4
				审美	1

图 12-7　项目管理方向产品经理的权重示例

用你给应聘者的评价乘以权重系数得出来的最终分数，就是你对这个人的评分了。当你手里拿着一大堆简历做过了很多次面试之后，你会发现单纯从“面试的时候印象还不错”这样的方面考察，根本不能做很好的判断。而用这种有问题定义、逻辑分析和总结整理步骤后的招聘，就会更加合理有效。

成长建议 XII

如果你曾经以为产品经理的进步应该是像禅宗里顿悟一样的状态，那要尽快除掉这种印象。很多有光鲜经历的产品经理展现出来的都是他们对产品高超的领悟能力和对团队的把控能力，看起来像是天赋，其实不然。

就跟有很多人以为明星只需要长得好看、歌星只需要嗓门好就可以了，一样荒谬无知。产品经理的成长也需要积累。用户研究、需求分析、产品设计等工作流中的技能项，有很多知识需要去了解，有很多基础的概念需要去学习；而如何协作、沟通、管理，如何提升逻辑能力、演讲能力、文案能力，也都不是想象中那么简单的事情。

首先要认真对待自己的工作、尊重这个职业，承认自己在很多方面的无知，才能更快地成长。

要点反思

- 有一个导师的指导，比看书和资料有帮助得多。
- 少读快餐式的文章。
- 要学会把自己的知识点和资料结构化整理。
- 要把自己也当成产品去迭代成长。

第 13 章

兴趣和热情

人的一切痛苦，本质上都是对自己的无能的愤怒。

——王小波

对任何职业的热爱都是循序渐进的，有多个层次。在产品经理岗位上尤其如此。产品经理本就是团队的发动机，要给团队注入活力，这需要很强的自驱力；而产品经理在做很多设计、在处理很多问题时，要有着浓厚的兴趣才会有耐心深究，才能在比较艰难的时候撑得下去。

有的产品经理只是觉得互联网人傻钱多就赶快入行了，结果发现落差很大，还要做很多并不喜欢的事情、赚钱也没那么轻松。在这样的情况下，就会愈发不喜欢做产品，有的会对自己产生怀疑觉得就不是做产品的料。然后就是恶性循环。正因为对自己没有信心，对产品没有兴趣，也就不会把工作完成得很好，久而久之最终失去了同事的信任，也彻底丧失了做产品的信心。

还有的产品经理在这种困境下想要多去尝试。这个产品没做好？那可能是我不擅长，我再换一个。那个产品又没做好？那估计是我不感兴趣，再试试别的。互联网领域这么大，产品经理的岗位又五花八门，大概总能找到适合自己的。

这种心态看起来没错，实则很危险。许多时候兴趣和自驱力、兴趣和我们对待事情的认真程度是有关的，如果始终心存排斥，那么对任何事情都产生不了兴趣。

可以把产品经理对待工作的态度分成几个阶段，如图 13-1 所示。

把产品经理的工作只理解成完成任务，每天按部就班把安排的事务完成，这是最基本的心态。能够完成任务是合格的产品经理，但要做到优秀还需要有责任心。责任心就是针对那些“分内之事”之外的所谓“分外之事”，产品经理是否愿意承担整个产品的责任把产品做好。接下来的更高层次，就是对这个岗位有强烈的兴趣。热爱在做的事，最终能够成为可以自我驱动的产品经理，不断上升也不断给团队以活力。

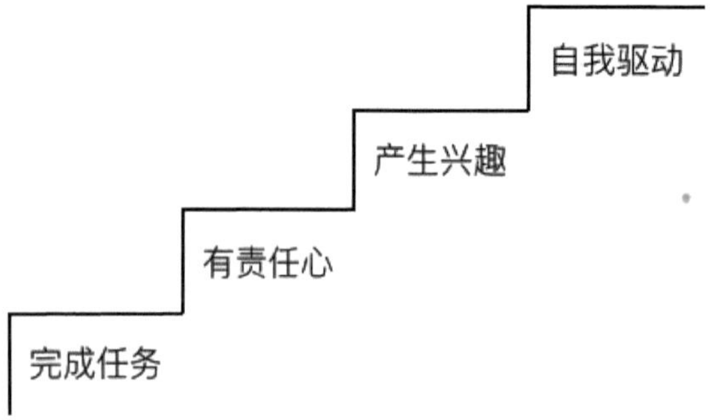

图 13-1　产品经理心态的四个阶段

如何正常完成任务就不必多说了。下面讲讲其他的几个层面。

产品的责任心

“让正确的事情相继发生”这句曾经流行过一阵子的话是对产品经理绝好的定义。保证在做的事情正确，就算是把主要任务完成了。而保证很多事情持续不断地进行下去，这是产品经理作为产品负责人的隐性要求。

具体考虑的话，要做的大概有以下几项事情。

- 不缺席重要的场合

嘟嘟美甲的创始人王彪，曾经跟我讲过一个故事。他还在小米做产品经理的时候，有一天他负责的功能要在晚上零点上线，对他来说其实如果没有特殊情况应该不需要做什么，主要都是工程师们的工作。到了下班时间，他犹豫不决不知道要不要陪他们。同事说：“不会有事的，还是早点回去休息吧。”他那天很累于是回了家，早早睡了。

结果第二天起床有很多未接电话。原来那晚不巧还是出了问题，有很多要跟产品经理确认的事情，找不到他了。工程师们只好把产品总监喊去，一直熬到凌晨 4 点多，才把问题解决。如果他在的话，就不至于这么折腾。

从此，他意识到了任何“可能需要”他在的场合，他都应该在场。产品经理工作的特殊性决定了我们在出现问题时必须要立刻顶上去解决，而不是只在自己的工作时间内完成任务。

- 排除影响进度的问题

在产品推进的过程中会有很多进度上的问题需要解决。有的是因为卡在某个环节上，相关负责人怠慢或者干脆忘记了；有的是大家意见不一，导致无法推进。

对产品经理来说，整个产品的进度和牵扯到的方方面面都要清楚。既然知道利害关系，也知道进度的情况，那就要主动去排除任何可能影响进度的问题。

老板跟设计师吵架了，对于一个设计方案，两个人互不相让，吵完各自忙自己的事情去了，如果没人去关心，可能就会耽误进度。这时主动去劝和两人就是我们该做的。看起来不太像常规的产品工作，但却也是跟产品息息相关的。

- 主动填充缺失环节

在公司快速发展过程中，有很多角色可能是会缺失的。在遇到特殊的功能时，也可能出现角色缺失的情况。

在某件事没有人做，但又需要人去做的时候，产品经理最好能充当临时的替补，把环节填充起来。

公司没有专门的文案策划，那文案可以由产品经理写；公司初创期间没有人来接触用户、做客服，那也可以由产品经理暂时顶替；遇到一个功能需要申请专利、遇到有特殊的合作项目需要谈商务……这些临时的任务，最合适的人选往往都是产品经理。不要以为这些都是随便说说的，这些其实都是我的亲身经历。

产生兴趣

有责任心意味着基本的职业道德，而有兴趣则意味着能够把产品当成一种追求，可以投入更多心力。那些在平时生活里无时无刻思考产品、不断想怎么让产品更好的人才在其中获得了乐趣。

对兴趣的误解

我觉得兴趣不是天生的。兴趣一定是自己发掘出来的。有些产品经理做这个感觉没兴趣、做那个感觉没兴趣，并非是他没有找到合适的兴趣点，而是他根本没有认真去做过这件事。

在《精进》和《把时间当作朋友》这两本学习方法论的书里都提到了，绝大多数情况下我们对某件事没有兴趣，只是因为这件事很难，以及我们并不了解。没有人会喜欢做自己不擅长的事情。回想小时候，我们最喜欢玩游戏，因为游戏里要达到目标非常简单，但考试要得满分却需要付出很多努力。这不仅在于游戏本身的趣味性，试想一下，如果一款对战游戏你每次跟别人玩都会输，你还会有兴趣吗？

所以在任何时候，只要尝试，任何事情都会是有很多可以发掘兴趣的点。就像不懂物理的人根本不懂物理的乐趣，没看过一部小说的人也不知道那些粉丝们谈论得为什么那么开心。用户研究、需求分析、用户体验、产品逻辑……每一项都值得去研究和修习，乐趣必定是产生在我们足够理解之后，而不是浅尝辄止之后。

有兴趣未必一定擅长

有位从事人力资源行业多年的老师曾经跟我聊过一个话题，兴趣在职业生涯中到底应该是怎样的存在。她给了我一个特别重要的启示，就是我们会经常性地拿兴趣来作为遇到困难时逃避的借口。

在遇到新的行业、新的工作内容、新的问题时，我们都会非常吃力，这特别正常。吃力导致我们情绪波动，继而让我们对这些事情感到乏味，导致我们认为没有兴趣。所以，每次在想要说没有兴趣的时候，要反思是不是只是因为遇到了困难。克服掉这一次的困难，再不断去尝试克服更多困难，等在这些事情上足够擅长了，你会发现你已经要产生兴趣了。

很多人以为有了兴趣就意味着自己很擅长，这完全是两码事。当你判断对某个领域、某项工作有异常的热情，那更要鞭策自己努力往这个方向进步，继而从中获得乐趣。不是说有了兴趣就可以随意发挥了。就像有人说“喜欢创意”，就只是每天想一个点子，既不深究，也不去关心有没有人认可，沉浸在自己的快乐里。这根本不能算是在尊重自己的兴趣，这种人当然也不会成为优秀的产品经理。

兴趣和意志力

著名心理学家罗伊·鲍迈斯特在《意志力》里提到，每个人的意志力其实都很薄弱，或者说很有限。那些能够坚持下来的人，未必是意志力很强大的，只是他们善于利用意志力、善于自控。

要想让自己能够坚持，兴趣就是最好的方式。在我们看来，那些物理学家埋头于枯燥乏味的算式一研究就是很多年，似乎是靠无限的意志力在支撑。但从他们角度不是这样，他们已经把这件事当成了乐趣，当成了日常的工作，并不会去特别考虑这件事“有多苦”，而是会想解出答案的话会“有多开心”。

很多程序员不被人理解，就是因为他们用代码在解决问题的乐趣，外人体会不到。作为产品经理也是如此，你如果没有体会到乐趣，那就很难在所处的位置上坚持下去；难以坚持就会经常跳槽和改变方向，也就每次都体会不到深入理解和学习后得到的乐趣，这就陷入了恶性循环。

万事开头难，当你觉得“我要坚持做这件事情三年”是不可接受的时候，其实你可能只需要坚持三个月，剩下的时间都不用再耗费自己的意志力去坚持了——因为你已经产生了极大的兴趣。

产品经理的自驱动

最高阶的工作态度是能够自我驱动。绕过兴趣这个层次，还能自驱动的，算是自控力特别强的人了。不管如何做到自驱动，这都是成为优秀的产品经理必不可少的。

什么是自驱动呢？大家都知道跟某些部门办手续是很头痛的，我之前办理户口迁入，开各种证明，走各种程序，千辛万苦，终于到了最后一步，跑了几十公里到了派出所，结果还是少了张无房证明。无房证明则要去另一个政府机关房地产档案馆开，中间又是几十公里。这就是我很烦的地方：明明可以用联网验证的方式瞬间搞定的事，非要用旧社会的方法去手工开证明。对于很多这样的机关部门来说，就是缺乏驱动力的。没有竞争环境，没有考核指标，更没有直接的利益反馈和兴趣激励，自然就没有动力去做了。

产品经理也是如此。产品很成熟了，市场垄断了，所以没有动力；老板不关心自己的项目组了，所以没有动力；做的工作千篇一律，事情雷同，所以没有动力……总会存在没有动力的情况。

每个人都不能保证自己每时每刻都有对产品的热情，那在低谷时，这个热情要自己去发掘。

有以下几种方法可以参考。

第一，接触用户。跟那些真正的用户聊聊天，听他们的抱怨。放心，没有任何一个产品是全好评的，他们总有些会不爽的地方。感觉到自己产品的不足，可能会有些动力。

第二，成为用户。自己感受产品的细节，体会功能的不足。现在我在做配送业务，每次亲自去送外卖都会觉得自己过去做的产品到处都是“坑”。

第三，找榜样。看有哪些可以成为榜样的产品或者牛人。看跟他们之间的差距，知道自己仍被远远甩在后面，要再接再厉。

第四，分享经验。可以把自己的经验分享给大家，在交流中获得更多鼓励和热情。好的经验得到肯定会是动力；不够好的经验被人批评也是一种鞭策。

总而言之，好的产品经理总是要能驱动团队的。而驱动团队首先要驱动自己，发现自己正处于懈怠和兴趣低谷时，则要想办法克服。

成长建议 XIII

“让世界变得更好”这句话看起来很虚，全书估计都没有像这句这么虚的话了。但我还是想说，每个产品经理都该保留这份心思。它不需要每天都去想，也不会在日常工作中起到多大的作用，只是在当你对某个重大的转变有疑虑，或者对自己的工作有顾忌的时候，成为你做决定的衡量标准。

好的产品总是要让世界变得更好。做出好产品的产品经理，也要有这样一种略有点虚无的追求。如果广告让很多人受了骗、中了圈套，那么这就不是一个好的盈利渠道；如果这个功能让你的目标用户获益，却让更多人受到伤害，那么这个功能也值得多做衡量；如果跟竞争对手的疯狂竞赛其实最终会两败俱伤，那么是不是要一直争斗下去也应该多考虑。

虽然我不支持拿过于不切实际、过于虚无的理想作为做产品的初衷，但对产品的意义抱有最真诚的信心非常重要。在内心里，我们要有更远大的追求，在实际工作中，则要脚踏实地做产品。

“这个世界好需要你的，你给我好好发挥啊。”

要点反思

- 工作中的受挫和茫然，通常都是新的成长的开始。
- 跟优秀的人共事，也是吸收正能量的方法。

后　　记

起笔前，自诩能够半个月完成书稿。原本积累的几万字素材都是在知乎的回答，移到书中改来改去总是不能满意，明白了快餐式的简明论述还是不能随意成书，索性就从头写起。于是拖拖拉拉，四个月才完成初稿，八成的内容都是新写。尽心尽力，不敢怠慢。

写书途中，我一直在考虑是更多地以实际步骤和方法为主线，还是应阐述思路为主。作为产品经理，我想到要考虑读者的场景及需求。就我个人的阅读经验来说，不是手把手教人做事的书有用，一般都是讲思路、讲道理、讲知识的书有用。做产品时工作职责不同、领域有异，教怎么画原型、写文档估计很难复用，况且实际情况多变，方法在彼时彼刻有效，在此时此刻未必。

于是你看到了，书里的内容大都以论述为主、方法为辅，不像某些书开卷就扔过来一堆原则和定义，要大家循规蹈矩去做。关于实例，也尽量提自己亲身体验或接触到的，不以观察者角度讲大道理。

这本书的初衷是，让各位在产品经理进阶途中，少走弯路。说得夸张点，也算是为了互联网的发展做了一点微小的工作。

不过“尽信书，不如无书”，这句话听过的人多，做到的人少。现在人人都想走捷径，企图从一两本书中攫取成功真理，或者照着什么手册就走上人生巅峰。不少大学生或者刚入行的产品经理都问过我，读了哪几本书就算入门了。我每次都会答说："读多少本都入不了门。"能把汽车驾驶员手册倒背如流，就能开车了吗？

因此这也需要读者明确一件事：书里的任何内容都不是公理，更不是行为准则。正确的使用方法应该是，结合自己的实况找出自己有益的部分，吸收消化。我当然不奢望书里每句话都能让你共鸣，至于无用的甚至觉得不对的部分，根本无须在意。

感谢在我产品经理职场路上带领我成长和进步的几位老师：锤子科技的产品总监朱萧木、刘炯，嘟嘟美甲的创始人王彪，以及点我达的产品副总裁谢新宇。

感谢为我的书稿提供建议的朋友们：邱枫、耿达维、唐家声、李旸、Maggie、萌酥、Candice、Lydia 以及 Jennifer。

感谢电子工业出版社的官杨老师的支持，有你的倾力相助，才有这本书的顺利出版。

最后，祝大家都能心有猛虎，有做出让人惊羡产品的愿景；也可细嗅蔷薇，对这个世界充满善意和期待。

推荐书目

关于产品经理

《人人都是产品经理》，苏杰，电子工业出版社，2010。

《结网》，王坚，人民邮电出版社，2010。

《产品经理的第一本书》，林达·哥乔斯，中国财政经济出版社，2004。

《淘宝十年产品事》，苏杰，电子工业出版社，2013。

《启示录》，Marty Cagan，华中科技大学出版社，2011。

关于用户体验

《用户体验的要素》，E James Garrett，机械工业出版社，2007。

《用户体验度量》，Jeff Sauro/James R.Lewis，机械工业出版社，2014。

《点石成金》，史蒂夫·克鲁克，机械工业出版社，2006。

《用户体验设计》，奎瑟贝利/布鲁克斯，清华大学出版社，2014。

《设计调研》，戴力农等，电子工业出版社，2014。

《绝密产品原型》，Gara，人民邮电出版社，2016。

《设计师要懂心理学》，Susan Weinschenk，人民邮电出版社，2013。

《文案训练手册》，约瑟夫·休格曼，中信出版社，2011。

关于创业和商业

《商业模式新生代》，亚历山大·奥斯特瓦德(Alexander Osterwalder)/伊夫·皮尼厄(Yves Pigneur)，机械工业出版社，2011。

《精益创业》，埃里克·莱斯，中信出版社，2012。

《四步创业法》，Steven Gary Blank，华中科技大学出版社，2012。

《必然》，凯文·凯利，电子工业出版社，2016。

《硅谷钢铁侠》，阿什利·万斯，中信出版社，2016。

《创业维艰》，本·霍洛维茨，中信出版社，2015。

《创造突破性产品》，Jonathan Cagan/Craig M.Vogel，机械工业出版社，2004。

《浪潮之巅》，吴军，电子工业出版社，2011。

关于营销和运营

《史玉柱自述：我的营销心得》，优米网，同心出版社，2013。

《疯传》，乔纳·伯杰(Jonah Berger)，电子工业出版社，2014。

《参与感》，黎万强，中信出版社，2014。

《增长黑客》，范冰，电子工业出版社，2015。

关于工作方法

《要事第一》，史蒂芬·柯维等，中国青年出版社，2010。

《高效能人士的七个习惯》，史蒂芬·柯维，中国青年出版社，2011。

《罗伯特议事规则》，亨利·罗伯特，世纪出版集团/格致出版社，2008。

《餐巾纸的背面》，丹·罗姆，中信出版社，2009。

《视觉会议》，David Sibbet，电子工业出版社，2012。

《乔布斯的魔力演讲》，卡迈恩·加洛，中信出版社，2010。

关于逻辑思考

《学会提问》，M.尼尔·布朗/斯图尔特·基利，机械工业出版社，2012。

《改变提问，改变人生》，梅若李·亚当斯，机械工业出版社，2014。

《你的灯亮着吗?》，高斯/温伯格，人民邮电出版社，2014。

《哥德尔、艾舍尔、巴赫》，侯世达，商务印书馆，1997。

关于个人成长

《如何阅读一本书》，莫提默·J.艾德勒/查尔斯·范多伦，商务印书馆，2004。

《精进》，采铜，江苏凤凰文艺出版社，2016。

《领导梯队》，Ram Charan/Stephen Drotter/James Noel，机械工业出版社，2011。

《把时间当作朋友》，李笑来，电子工业出版社，2009。

《意志力》，罗伊·鲍迈斯特，中信出版社，2012。